Wettbewerb im Arzneimittel- und Krankenhausbereich

ALLOKATION IM MARKTWIRTSCHAFTLICHEN SYSTEM

Herausgegeben von
Heinz König (†), Hans-Heinrich Nachtkamp,
Ulrich Schlieper, Eberhard Wille

Band 67

Eberhard Wille (Hrsg.)

WETTBEWERB IM ARZNEIMITTEL- UND KRANKENHAUSBEREICH

17. Bad Orber Gespräche über kontroverse Themen im Gesundheitswesen

Bibliografische Information der Deutschen Nationalbibliothek
Die Deutsche Nationalbibliothek verzeichnet diese Publikation
in der Deutschen Nationalbibliografie; detaillierte bibliografische
Daten sind im Internet über http://dnb.d-nb.de abrufbar.

Gedruckt auf alterungsbeständigem,
säurefreiem Papier.

ISSN 0939-7728
ISBN 978-3-631-65007-3 (Print)
E-ISBN 978-3-653-03882-8 (E-Book)
DOI 10.3726/978-3-653-03882-8

© Peter Lang GmbH
Internationaler Verlag der Wissenschaften
Frankfurt am Main 2013
Alle Rechte vorbehalten.
PL Academic Research ist ein Imprint der Peter Lang GmbH.

Peter Lang – Frankfurt am Main · Bern · Bruxelles · New York ·
Oxford · Warszawa · Wien

Das Werk einschließlich aller seiner Teile ist urheberrechtlich
geschützt. Jede Verwertung außerhalb der engen Grenzen des
Urheberrechtsgesetzes ist ohne Zustimmung des Verlages
unzulässig und strafbar. Das gilt insbesondere für
Vervielfältigungen, Übersetzungen, Mikroverfilmungen und die
Einspeicherung und Verarbeitung in elektronischen Systemen.

Dieses Buch erscheint in einer Herausgeberreihe bei PL Academic Research
und wurde vor Erscheinen peer reviewed.

www.peterlang.com

Inhaltsverzeichnis

Josef Hecken
Das Aufgabenspektrum des Gemeinsamen Bundesausschusses...................7

Herbert Rebscher
Wettbewerbsproblematik im Krankenhausbereich – Bedingungen und
Grenzen selektiven Kontrahierens...17

Günter Neubauer
Die Krankenhausfinanzierung aus ordnungspolitischer Sicht......................33

Alfred Dänzer
Aktuelle Herausforderungen und Perspektiven der Gesundheitspolitik:
Die Sicht der Krankenhäuser...43

Axel Ekkernkamp
Soziale Sicherung und Gesundheitswirtschaft – ein Spannungsfeld................51

Uwe Deh
Qualitätssicherung im Krankenhaus..57

Stefan G. Spitzer
Versorgungsmodelle an der Schnittstelle zwischen ambulantem und
stationärem Sektor..65

Eberhard Wille
Wege zur Einbeziehung der strukturierten Behandlungsprogramme
(DMPs) in die integrierte Versorgung..79

Petra A. Thürmann
Die Frühbewertung des Zusatznutzens von Arzneimitteln aus ärztlicher
Sicht..107

Detlev Böhler
Das AMNOG – ein hervorragendes Gesetz?.....................................121

Hedwig Silies
Erfahrungen mit den Preisverhandlungen aus Sicht der pharmazeutischen
Industrie..127

Volker Ulrich
Herstellerabgabepreise auf europäischen Arzneimittelmärkten als
Erstattung in der GKV-Arzneimittelversorgung............................137

Gerhard Schulte
Letzte Ausfahrt AMNOG – Schiedsstelle.......................................159

Verzeichnis der Autoren...171

Das Aufgabenspektrum des Gemeinsamen Bundesausschusses

Josef Hecken

1. Einleitung

Das Aufgabenspektrum des Gemeinsamen Bundesausschusses ist vielschichtig. Insbesondere die jüngsten Gesetzesvorhaben, um nicht zuletzt das GKV-Versorgungsstrukturgesetz (GKV-VStG) zu nennen, führten zu einer nicht unerheblichen Erweiterung der Handlungsfelder dieser Institution. So wurde in dieser Novelle nicht nur die Berufung der Unparteiischen Mitglieder und ihrer Stellvertreter modifiziert, auch das Stimmrecht wurde geändert. Seit dem 01.02.2012 dürfen bei Beschlüssen, die allein einen oder allein zwei Leistungssektoren betreffen, davon nicht betroffene Bänke nicht mehr mitstimmen. Ihre Stimmen werden im anteiligen Verhältnis auf die jeweils betroffenen Bänke aufgeteilt.

Daneben wurden die Regelungen des § 137e für die Erprobung von Methoden mit Potenzial neu aufgenommen. Hierdurch besteht die Möglichkeit, dass der Gemeinsame Bundesausschuss künftig für Untersuchungs- und Behandlungsmethoden, deren Nutzen noch nicht hinreichend belegt ist, die jedoch das Potenzial eines Nutzens erkennen lassen, Richtlinien zur Erprobung beschließt. Für Methoden, die im Krankenhaus angewandt werden, kann vor einer Erprobung kein Ausschluss erfolgen, wenn diese Potenzial besitzen.

Die Regelung der spezialfachärztlichen Versorgung nach § 116b SGB V wurde erneut einer gesetzlichen Änderungen unterworfen. Die bislang in §116b SGB V geregelte ambulante Behandlung im Krankenhaus ist durch einen neuen Versorgungsbereich – die ambulante spezialfachärztliche Versorgung – ersetzt. Dort sollen sowohl niedergelassene Vertragsärztinnen und -ärzte als auch Krankenhäuser schwere Verlaufsformen von Erkrankungen mit besonderen Krankheitsverläufen, seltene Erkrankungen und Erkrankungszustände mit entsprechend geringen Fallzahlen sowie hochspezialisierte Leistungen unter grundsätzlich den selben Qualitätsanforderungen ambulant behandeln können. Der Gemeinsame Bundesausschuss hat die Aufgabe, den in § 116b SGB V vorgegebenen Katalog der von der spezialfachärztlichen Versorgung umfassten Erkrankungen und Leistungen in einer Richtlinie zu konkretisieren. Andere aktuelle

Arbeitsschwerpunkte sind die Neugestaltung der Bedarfsplanung und die frühe Nutzenbewertung.

Der Versuch einer auch nur ansatzweise vollständigen Gesamtdarstellung aller Aufgabenfelder und derzeitigen Arbeitskreise des Gemeinsamen Bundesausschusses würde den hier vorgesehenen Rahmen deutlich übersteigen. Im Folgenden sollen daher einige Schlaglichter herausgegriffen werden, die derzeit von besonderem Interesse sein dürften.

2. Frühe Nutzenbewertung von Arzneimitteln

Die frühe Nutzenbewertung von Arzneimitteln wurde vor zwei Jahren implementiert. Damals wie auch teilweise noch heute wurde sie kontrovers und häufig auch kritisch bewertet. Die Gegner der Regelungen haben ihren Diskurs oftmals mit Assoziationen des Untergangs für medizinische Innovationen im Arzneimittelbereich verbunden, die bis hin zum gänzlichen Verlust eines jeden Innovationsanreizes gingen. Aus letzterem wurde mithin dann die Konsequenz gezogen, dass Deutschland künftig kein Standort mehr sein könne für medizinische und insbesondere arzneimitteltechnische Innovationen.

All dieses sind aus Sicht der direkt von den Regelungen betroffenen Unternehmen nachvollziehbare Reaktionen. Allerdings ermöglicht ein Zwischenfazit, die damals geäußerten Befürchtungen vor dem Hintergrund der ersten Erfahrungen erneut zu bewerten. Die frühe Nutzenbewertung hat zwei Jahre nach ihrer Einführung durchaus einen ersten Härtetest bestanden. Verstanden als lernender Prozess ist es gelungen, die gewonnenen Erfahrungen zu nutzen, um Ecken und Kanten zu glätten, wodurch das Verfahren immer weiter verbessert werden konnte.

Diese Evolution sollte freilich nicht als der Versuch verstanden werden, ein Verfahren zu gestalten, das lediglich das Ziel hat, Dissense zu vermeiden. Es liegt in der Natur eines solchen Bewertungsverfahrens, dass die Auffassungen zwischen den Parteien, beispielsweise bei der Festlegung der zweckmäßigen Vergleichstherapie, spätestens dann auseinander gehen müssen, wenn die verschiedenen Alternativen, die sich bieten, einen Einfluss auf die spätere Preisgestaltung haben. Wobei hier sowohl die Bestimmung des Ausmaßes des Zusatznutzens gegenüber der Vergleichstherapie als auch der Marktpreis der Vergleichstherapie einen Einfluss auf die strategischen Überlegungen zur Wunschkonstellation der Unternehmen ausüben können, der nicht immer gleichgerichtet ist. Letztendlich werden die Festlegungen zur zweckmäßigen Vergleichstherapie im Gemeinsamen Bundesausschuss alleine aus fachlichen Erwägungen getroffen.

2.1 Zwischenbilanz und internationaler Vergleich

Ein Blick auf das internationale Geschehen in diesem Bereich zeigt, dass das, was wir als frühe Nutzenbewertung nach § 35a bezeichnen, in einer ganzen Reihe von europäischen und außereuropäischen Staaten schon gängige Praxis ist. Umso schöner ist es für die, die den Prozess letztendlich durchführen, wenn die produzierten Ergebnisse sich systematisch nicht von den Referenzländern unterscheiden.

Die ersten 27 Bewertungen des Gemeinsamen Bundesausschusses zeigen ganz klar: Durch die Regelungen hat die befürchtete Innovationsbremse eben nicht in die Arzneimittelentwicklung Einzug gehalten. Über 50% der von uns bewerteten Produkte wurden mit einem positiven Zusatznutzen belegt. Über 20% der Produkte wurden sogar mit einem beträchtlichen Zusatznutzen bewertet. Die letztgenannte Einstufung drückt Wirkungsergebnisse aus, die man als echte Innovation bezeichnen kann. Sie ist dann auch gleichbedeutend mit einer werthaltigen Verhandlungsposition der pharmazeutischen Unternehmen bei den nachgelagerten Preisverhandlungen.

Stellt man derartige Bewertungsergebnisse in den internationalen Vergleich, wird schnell klar: In der Regel sind maximal 15% der jährlich auf den Markt kommenden neuen Wirkstoffe echte Innovationen. Vergleicht man diese 15% mit dem Anteil von 20%, der aus den Bewertungen des Gemeinsamen Bundesausschusses hervorgeht, kann man sich der Einschätzung nicht erwehren, dass hier in Deutschland fair bewertet wird. Eine Innovationsbremse oder eine Verfahrensgestaltung zum Zwecke der Abschöpfung von Produzentenrenten im Sinne einer schlichten Preissenkungsstrategie liegt nicht vor.

2.2 Nutzenbewertung und Raum für Verbesserungen

Bei allem Lob für die gefundene Praxis und die Wirkungen des Verfahren möchte ich aber auch nicht den Eindruck erwecken, als wären wir nun in einen statischen Bereich eingetreten, der ein ständiges Überprüfen und gegebenenfalls auch eine Anpassung der Procedere unnötig erscheinen ließe. Hierzu ein paar Schlaglichter:

2.2.1 Umgang mit unvollständig eingereichten Dossiers nach Ende der Übergangsphase

Bis zum Ende des Jahres 2012 hat der Gesetzgeber eine Übergangsregelung etabliert, die besagt, dass bei einem unvollständigen Dossier der pharmazeutische Unternehmer unmittelbar die Möglichkeit hat, ein neues, überarbeitetes Dossier einzureichen. Diese Übergangsfrist läuft aus und wir stellen fest, dass ein zunehmender Teil der eingereichten Dossiers diese formale Hürde – häufig aufgrund kleinerer Versäumnisse - nicht schafft. Dies gilt unbeschadet des Angebotes des Gemeinsamen Bundesausschusses, eine Vollständigkeitsprüfung im Vorfeld durchzuführen, da viele Unternehmen erst am letzten Tag für die Einreichung die Dossiers fertiggestellt haben.

Eine rein formalistische Prüfung würde zwingend die Deklaration der Unvollständigkeit nach sich ziehen. Bei einem unvollständig eingereichten Dossier gilt der Zusatznutzen des Arzneimittels als nicht belegt.

Nach Auslaufen der Übergangsfrist zum 31.12.2012 würde aber mit einer erfolgten Bewertung dem pharmazeutischen Unternehmer erst dann wieder gestattet sein, um eine erneute Nutzenbewertung zu bitten, wenn neue wissenschaftliche Erkenntnisse vorliegen. Im Ergebnis könnten - aufgrund formaler Prüfungen mit negativem Ergebnis - echte Innovationen nicht entsprechend bewertet werden, und eine Innovationsbremse aus formalen Gründen würde entstehen.

Hier hat der Gemeinsame Bundesausschuss an einer rechtssicheren Lösung gearbeitet , um gemeinsam mit den Bänken noch vor Ende des Jahres eine Modifikation der Verfahrensordnung zu erreichen, die sicherstellt, dass der pharmazeutische Unternehmer bei formalen Unvollständigkeiten im Dossier die Möglichkeit der Korrektur erhält.

2.2.2 Umgang mit Bestandsmarkt und Aufruf aus Wettbewerbsgründen

Der Gemeinsame Bundesausschuss sieht sich im Bereich des Wettbewerbsaufrufes mit einer Rechtsauffassung konfrontiert, die davon ausgeht, dass Aufrufe aus dem Bestandmarkt aus Wettbewerbsgründen sehr breit gefasst werden müssen. Der kürzlich erfolgte Aufruf der Gliptine aus dem Bestandsmarkt sei schon alleine darum rechtsfehlerhaft, weil andere im Markt befindliche Präparate, die ebenfalls für diese Indikation zum Einsatz gebracht werden können, nicht in diesem Aufruf enthalten sind. Dieser Einwand ist ernst zu nehmen, stellt er doch ein berechtigtes Anliegen zur Vermeidung von Wettbewerbsverzerrungen durch den Aufruf aus dem Bestandsmarkt dar. Hier wird genau zu prüfen sein, wie die wettbewerbliche Abgrenzung dort und auch in Zukunft zu erfolgen hat.

Würde der Aufruf der Gliptine andere Arzneimittel, die im ökonomischen Sinn als perfekte Substitute zu betrachten sind, ignorieren, wäre der Einwand der Wettbewerbsverzerrung durch den Aufruf berechtigt und ohne Einschränkung nachvollziehbar. Im Ergebnis müsste man dann einen wesentlich breiteren Aufruf starten, mit den entsprechenden negativen Wirkungen für all die Unternehmen, die durch bisherige Aufrufe nicht betroffen waren. Es wird also die Frage zu klären sein, wie der Markt im Wettbewerbssinne zu definieren ist, also im engeren Sinn, ob die gesamte Indikation zu betrachten ist, oder ob Unterteilungen nach Schweregrad der Erkrankungen, die eine teilweise andere Medikation und Wirkstoffe nach sich ziehen, wie sie auch bei der Bildung von Festbetragsgruppen gängige Praxis sind, einen engeren Substitutionsbereich rechtfertigen.

3. Die bevorstehenden Aufrufe aus dem Bestandmarkt aufgrund von Versorgungsrelevanz

Bereits eingangs wurde erwähnt, dass eine neue Aufgabe des Gemeinsamen Bundesausschusses die Gestaltung von Arzneimittelaufrufen aus dem Bestandsmarkt ist, also dem Bereich der Arzneimittel, die vor dem 01.01.2011 in Verkehr gebracht wurden und damit noch nicht mit dem Instrument der frühen Nutzenbewertung in Kontakt standen.

Für die Umsetzung des gesetzlichen Auftrages ist zu klären, wie ein transparentes, systematisches und auch nachvollziehbares Verfahren gestaltet werden kann, das gleichzeitig mehrere Ziele erfüllt. Zum einen muss es der gesetzlichen Anforderung Rechnung tragen, die Wirkstoffe zu selektieren, die für die Versorgung von Bedeutung sind. Daneben muss auch sichergestellt werden, dass die Wirkungen der Nutzenbewertung ein gewisses Maß an Nachhaltigkeit entfalten.

Letzteres wird sicherlich nicht dadurch erreicht, dass man wie mit Scheuklappen und in einer schlichten Betrachtung die aktuelle Marktsituation als Blitzlicht in den Fokus nimmt. Denn ein derartiges Vorgehen verkennt den Umstand, dass wirkliche Versorgungsrelevanz direkt mit dem Produktlebenszyklus eines Arzneimittels korreliert ist.

Dem entsprechend muss das Verfahren zur Identifikation der Wirkstoffe, die für einen Bestandsmarktaufruf in Betracht kommen, in der Lage sein, die Auswahl anhand des Potenzials der Wirkstoffe zu gestalten.

4. Weiteres aus dem Bereich der Arzneimittel

4.1 Umgang mit innovativen Arzneimitteln bei gleichzeitig vorhandenen erheblichen Nebenwirkungen

Ziel ist die Erarbeitung eines Systems, in dem es ermöglicht wird, den Mehrnutzen innovativer Arzneimitteltherapien in eine Abwägung mit erheblichen Nebenwirkungen zu bringen. Ziel ist es, diesen Prozess, der mit Blick auf Effekte der Wirkstoffe von großer Bedeutung ist, im Ergebnis auch für den pharmazeutischen Unternehmer im Bereich des Planbaren zu gestalten und gleichzeitig rechtssicher zu formulieren.

4.2 Orphan Drugs und verkürztes Verfahren

Bei Orphan Drugs unter 50 Mio. Euro Jahresumsatz gilt nach den gesetzlichen Vorschriften der Zusatznutzen als belegt. Dies bedeutet aber nicht, dass der Gemeinsame Bundesausschuss dadurch von seiner Aufgabe entbunden ist, einen Versuch der Quantifizierung des Zusatznutzens zu unternehmen. Diese Aufgabe wird der Gemeinsame Bundesausschuss auch weiterhin – entgegen puristischerer Rechtsauffassungen Einzelner - wahrnehmen. Denn ein quantifizierter, hoher Zusatznutzen ist für alle Beteiligten auch in diesen Fällen von Vorteil.

Zwischenfazit:

Das AMNOG ist eine solide Basis. Eine grundlegende Änderungsnotwendigkeit ist ebenso nicht eingetreten wie befürchtete Versorgungsengpässe. Das AMNOG hat sich auch nicht als Innovationsbremse erwiesen. Gleichzeitig sind die mit dem AMNOG angestoßenen Prozesse als lernendes System zu verstehen. Das, was in den letzten zwei Jahren geschehen ist, ist nicht als apodiktischer Maßstab für die Zukunft zu verstehen, sondern war und wird immer Gegenstand von Weiterentwicklungsüberlegungen sein.

5. Die ambulante spezialfachärztliche Versorgung nach § 116b

Die Geschichte des § 116b ist durchaus bewegt. Ausgehend vom GKV-Modernisierungsgesetz (2003), welches den Zugang für Versicherte für die ambulante Behandlung im Krankenhaus eröffnete, sofern spezialisierte Leistungen erforderlich waren, ging es in eine zweite Reformrunde mit dem GKV-Wettbewerbsstärkungsgesetz (2007). Durch diese Regelungen erlangten die Krankenkassen einen Zulassungsanspruch zur ambulanten Behandlung, der allerdings an die Mitwirkung von Landesbehörden gekoppelt war. Einen Zulassungsanspruch, der von Landesbehörden unabhängig ist und für ambulante und stationäre Einrichtungen gilt, wurde letztendlich durch das GKV-VStG geschaffen. An dessen Umsetzung arbeitet derzeit der Gemeinsame Bundesausschuss.

Dabei sind verschiedene Problemfelder zu bearbeiten:
  a) **Definition „Schwere Verlaufsformen"**: Hier ist u.a. die Frage zu beantworten: was sind leichte Krebsfälle? Sicherlich kein leichtes Unterfangen.
  b) **Definition Facharztstatus**: Die Behandlungsrealität in Krankenhäusern ist, dass die Erfüllung der Forderung nach einem Facharztstatus nicht die letztendliche Durchführung, sondern die Aufsicht durch einen Facharzt erfordert. Dieses bedeutet, dass bisher für den ambulanten Bereich ohne

weiteres gültige Regularien an die Gegebenheiten im Krankenhaus angepasst werden müssen.
c) **Intensivstation**: Geklärt werden muss auch, wie adäquate Regelungen getroffen werden, die das Erfordernis einer Intensivstation auf Gegebenheiten im ambulanten Bereich übertragen.
d) **Mindestmengen**: Was sind angebrachte Mindeststückzahlen?
und einiges mehr.

Ziel der weiteren Arbeiten ist es, die zukünftigen Arbeitsprozesse effektiver zu gestalten. Dieses soll unter anderem dadurch erreicht werden, dass eine einheitliche Struktur für die Anlagen der ASV-Richtlinie zur Anwendung kommt. Es ist beabsichtigt, dass so früh wie möglich die erste Anlage in Kraft tritt, denn nur mit einer solchen Anlage kann die ASV-RL auch ihre Wirkung entfalten.

6. Erprobung von Untersuchungs- und Behandlungsmethoden mit Potenzial

Für Untersuchungs- und Behandlungsmethoden, deren Nutzen noch nicht hinreichend belegt ist, die jedoch das Potenzial einer erforderlichen Behandlungsalternative erkennen lassen, kann der Gemeinsame Bundesausschuss künftig eine Richtlinie zur Erprobung beschließen. Diese Regelung hat der Gesetzgeber mit dem GKV-VStG mit dem neu geschaffenen § 137e SGB V eingeführt.

Hierdurch ist es möglich, dass – unabhängig von einem Beratungsverfahren nach § 135 oder § 137c SGB V – ein Antrag auf Erprobung einer neuen Untersuchungs- oder Behandlungsmethode beim Gemeinsamen Bundesausschuss gestellt werden kann. Antragsberechtigt sind

- Hersteller eines Medizinprodukts, auf dessen Einsatz die technische Anwendung einer neuen Untersuchungs- oder Behandlungsmethode maßgeblich beruht, und
- Unternehmen, die in sonstiger Weise als Anbieter einer neuen Methode ein wirtschaftliches Interesse an einer Erbringung zu Lasten der Krankenkassen haben.

Der Gemeinsame Bundesausschuss hat mittlerweile die Voraussetzungen zur Erprobung von Untersuchungs- und Behandlungsmethoden geschaffen. Am 20.09.2012 und 22.11.2012 wurden wesentliche Ergänzungen der Verfahrensordnung, die Formularanhänge (Antrag, Beratungsantrag) und eine Gebührenordnung für Beratungen beschlossen. In der Sitzung am 20.12.2012 konnte die Kostenordnung verabschiedet werden, die Einzelheiten zur Übernahme von Kosten der im Rahmen der Erprobung erfolgenden Studie durch beteiligte Unternehmen regelt. Die Beschlüsse bedürfen vor ihrem Inkrafttreten noch einer Prüfung und Genehmigung durch das Bundesministerium für Gesundheit. Insoweit kann auch die in § 137e Abs. 8 SGB V vorgesehene Beratung von Antragsberechtigten durch den Gemeinsamen Bundesausschuss zum jetzigen Zeitpunkt noch nicht über die gesetzlichen Vorgaben hinaus inhaltlich ausgestaltet werden.

Wettbewerbsproblematik im Krankenhausbereich – Bedingungen und Grenzen selektiven Kontrahierens

Herbert Rebscher

1. Selektives Kontrahieren – Von Hoffnungen und Enttäuschungen

Die Suche nach der effizienten Mittelallokation beherrscht die gesundheitspolitische Debatte. Die gesundheitsökonomisch diskutierten Steuerungs- und Honorierungssysteme dienen ausschließlich der Suche nach geeigneten Anreizen, um Qualität und Wirtschaftlichkeit der Versorgung zu optimieren.

Eines der diskutierten Instrumente ist die Einführung stärker wettbewerblich orientierter Gestaltungsmöglichkeiten der Akteure. Mit Wettbewerb verbinden wir im Allgemeinen die Erweiterung von Handlungsoptionen aller Akteure, Suchprozesse für angebotene Waren und Dienstleistungen, immanente Innovationsanreize und unternehmenspolitische Strategien. Kurz, wir verstehen Wettbewerb als „Entdeckungsverfahren"[1] und hoffen darauf, dass trotz aller konkreten Konflikte in der Dynamik von Wirtschaftssystemen die Wettbewerbswirtschaft daraus ihre politische Akzeptanz und die Akzeptanz bei den Kunden zieht.

Im Gesundheitswesen wirkt dieser Mechanismus jedoch nur begrenzt[2]: Auf der einen Seite bringt er die Erweiterung der Wahloptionen zwischen verschiedenen Versicherungsalternativen, deren jeweiligem Leistungsportfolio und deren Serviceorientierung. Auf der anderen Seite entsteht bei der konkreten Leistungsinanspruchnahme aus der Perspektive des Patienten eine empfindliche Begrenzung und Einengung vorhandener Wahloptionen gegenüber den freien Zugangsrechten des Kollektivvertrags.

Die Debatte um selektives Kontrahieren, als dem zentralen Wettbewerbsinstrument im Gesundheitswesen, muss diesem Faktum Rechnung tragen, wenn es zielführend in ein System implementiert werden soll, das sich traditionell durch die Freiheit der Wahl unabhängiger Leistungserbringer durch die Patienten selbst und durch die Freiheit der Leistungserbringer bei der Wahl der von ihnen verantworteten Therapie, gemäß des festgestellten medizinischen Bedarfs

---

[1] Hayek, F.A., 1969, S. 249
[2] Noch kritischer: Binswanger, M., 2010

des Patienten, auszeichnet, ohne dass die Beteiligten dabei Rücksicht auf Vertragsverhältnisse Dritter, z.B. der Krankenkassen, nehmen müssen.

Mit Blick auf die wettbewerbstheoretischen Annahmen, die für die Selbststeuerungsfähigkeit von Wettbewerbsmärkten entscheidend sind[3], zeigt sich, dass wir vor der einfachen Übertragung dieser wettbewerbstheoretischen Annahmen auf die Bedingungen der gesundheitlichen Versorgungszusammenhänge nur warnen können.

Nicht erst durch die Finanzmarktkrise ist Wissenschaft und Politik vorsichtiger gegenüber dem naiven Postulat der „Selbststeuerung von Märkten" geworden. Die analytisch ambitionierte ökonomische Literatur hat diese Begrenzung der modelltheoretischen Annahmen der Effizienz von Märkten gegenüber alternativen Formen der Koordination längst eindrucksvoll belegt, sodass wir gut daran tun, bei der Beurteilung wettbewerblicher Steuerungsansätze im Gesundheitswesen eine differenzierte Analyse zugrunde zu legen. Wichtig ist dabei, dass man die Beurteilungskriterien explizit nennt und daran auch Chancen und Risiken alternativer Strategien misst und dies der Beurteilung zugrunde legt.

Der Sachverständigenrat zur Begutachtung der Entwicklung des Gesundheitswesens legte in seinem Jahresgutachten 2005 eine überaus differenzierte Analyse korporativer Koordinationen im Vergleich zu den Möglichkeiten „selektiven Kontrahierens" vor. Der Rat verweist dabei auf die mangelnde Empirie der theoretisch als vorteilhaft bezeichneten Alternativen und kommt zu dem Schluss: „eine aussichtsreiche Alternative (zur korporativen Koordination), die eine theoretische Fundierung besitzt und sich – auch aus internationaler Perspektive – auf empirische Evidenz stützen kann, erscheint noch nicht in Sicht."[4,5]

Hoffnungen und Enttäuschungen begleiten die nunmehr 20jährige Debatte um die Einführung verstärkt wettbewerblicher Elemente in das System der sozialen Krankenversicherung. Auf der einen Seite stehen tausende selektivvertragliche Einzelverträge von Kassen in den unterschiedlichen Sektoren und mit einer Vielzahl beteiligter Leistungserbringer für ein Modell des selektiven Kontrahierens[6]. Andererseits hat der Gesetzgeber – quer zu allen Fachdebatten – immer

---

[3] Vgl. dazu: Rice, Th., 2004
[4] SVR, 2005; Wille, E., 2006, S. 427 ff
[5] Tesic, D., 2005, Kritisch auch: Rosenbrock, R., Gerlinger, Th., 2006, S. 282 u. 288
[6] Cassel, D. u.a., 2008, Vertragswettbewerb in der GKV, WidO

wieder Elemente der öffentlichen Regulierung präzisiert und kollektivvertragliche Lösungen geschaffen.

Beispiele hierfür durchziehen alle Teilbereiche und im übrigen auch alle politischen „Farbenspiele" in den jeweiligen Koalitionen:

Die Einführung eines Einheitsbeitragssatzes hat die Einnahmeseite der Krankenkassen schlicht verstaatlicht. Die Einführung eines Zentralverbandes (GKV-Spitzenverband) hat weitere Schritte der Vereinheitlichung provoziert und auch organisatorisch möglich gemacht, wie z. B. die zunehmend zentralen Verhandlungsstrukturen im ambulanten Bereich zeigen. Die rechtlichen Bedingungen für eine verstärkt hausarztzentrierte Versorgung kann wettbewerblich genauso wenig überzeugen, wie die aktuelle Diskussion um die Finanzierung präventiver Maßnahmen. Immer wieder hat der Gesetzgeber auch die Verhandlungsergebnisse der gemeinsamen Selbstverwaltung im nachhinein durch honorarpolitische Einflussnahmen (in der Regel milliardenschwere Aufbesserungen) korrigiert. Die aktuelle Diskussion um eine Erweiterung der Krankenhausplanung um eine regionale Versorgungsplanung mit Stimmrecht der jeweiligen Landesbehörde zeigt, wie wenig die Politik wettbewerblichen Suchprozessen vertraut. Die Liste ließe sich beliebig verlängern.

Warum ist das so? Warum haben wir eine derartige Diskrepanz zwischen wettbewerblicher Rhetorik und praktisch subtil verfeinerter Regulierung? Es gilt, die Bedingungen unter denen wettbewerbliche Instrumente in einem auf Solidarität und populationsorientierte Versorgungsqualität gerichteten System, akzeptierbar und einen Mehrwert produzierend, im Einzelnen zu klären.

Speziell für den, aus vielerlei Gründen sensiblen, stationären Sektor gilt es, den Bedingungsrahmen selektiven Kontrahierens sorgfältig zu analysieren, um die Vorteile des Konzeptes und die Akzeptanz für dieses Konzept herauszuarbeiten.

2. Bedingungsrahmen selektiven Kontrahierens

2.1 Politische Realitäten anerkennen

Unabhängig von der Rechtsform der einzelnen Krankenhäuser gilt für den Krankenhaussektor als Ganzes, dass er politisch verantwortet werden muss. Diese juristisch ausformulierte Verantwortung wird durch das Faktum der öffentlichen Erwartungen eher noch verstärkt. Es ist auch ökonomisch eine mindestens kühne Position eine öffentlich verantwortete, und mit Steuermitteln öffentlich finanzierte Infrastruktur in einem wettbewerblichen Ausschlussprozess via selektiven Kontrahierens zur Disposition zu stellen.[7]

Abbildung 1: Wettbewerb: Ersatz oder Ergänzung des Kollektivvertrages?

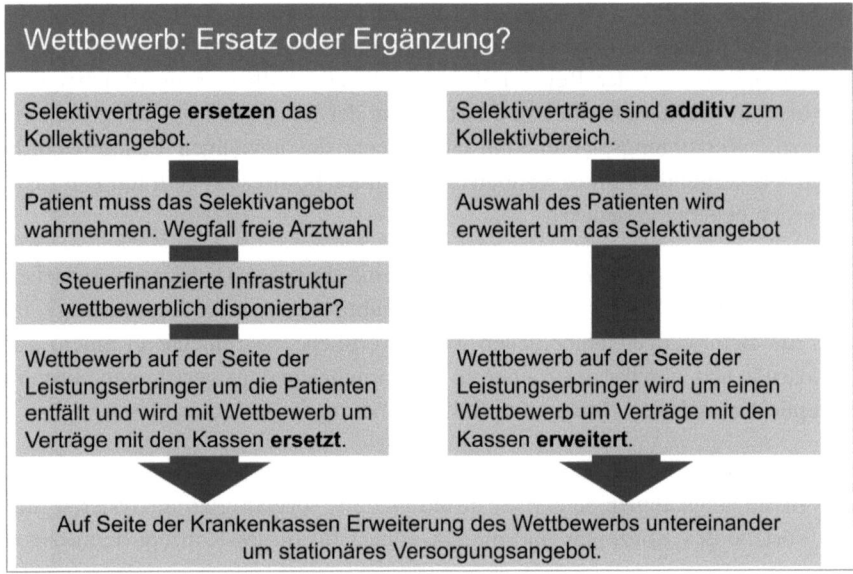

Quelle: Eigene Darstellung

Diese Widersprüche wären natürlich technisch auflösbar, fragt sich nur, wer welche politischen Mehrheiten für die systematisch wettbewerbliche Organisati-

---

[7] Für die nun schon über 20jährige Diskussion dieser Fragen öffentlicher Verantwortung: Bericht der Kommission Krankenhausfinanzierung der Robert Bosch Stiftung, Bd 20, insbes. Bd 21 „Krankenhausfinanzierung in Selbstverwaltung – Verfassungsrechtliche Beurteilung"

on des stationären Sektors organisieren will. Im jetzigen System einer öffentlichen Planung, einer steuerfinanzierten Investition und zukünftig noch einer regionalen Versorgungsplanung muss das Konzept selektiven Kontrahierens darauf Rücksicht nehmen.

Das heißt, selektives Kontrahieren kann die so gestaltete Angebotsstruktur nicht wettbewerblich ersetzen, sondern im konkreten Versorgungszusammenhang sinnvoll ergänzen.

2.2 Argumentation präzisieren

Die Diskussion um selektives Kontrahieren im Krankenhausbereich verwendet den Begriff Krankenhaus ohne hinreichend zu unterscheiden, was oder wer der Adressat eines selektiven Kontraktes sein soll.

Aus den Erfahrungen der integrierten Versorgung haben wir gelernt, dass der konkrete Versorgungsvertrag immer eine sehr konkrete Beschreibung des zu lösenden Problems, der beschriebenen Indikation, der beteiligten Akteure und des definierten Versorgungsziels zum Inhalt hat. Im Krankenhausmarkt gilt das regelhaft nicht für die Großeinrichtung Krankenhaus (als Ganzes) mit einer Vielzahl differenzierten Fachabteilungen und Strukturen, sondern nur für Teilsegmente des Leistungsportfolios dieses Krankenhauses. Wenn Wettbewerb inhaltlich, d. h. durch Qualität, Versorgungseffizienz und die Einbindung in eine regionale Versorgungsstruktur, zielführende Strukturen aufbauen soll, muss zwischen diesen unterschiedlichen Leistungsebenen eines Krankenhauses streng differenziert werden.

So wird es dann eben kaum selektive Verträge mit Krankenhaus-Trägergruppen oder einzelnen Kliniken geben. Es werden in der Regel sehr konkrete Indikationsstellungen, mindestens jedoch einzelne Fach-Disziplinen, vielleicht auch konkrete Akteure Gegenstand eines selektiven Kontraktes sein können. Nur in der konkreten Definition, was mit dem selektiven Vertragsmodell erreicht werden soll, ist der Nutzen definierbar und Evaluation sinnvoll.

Abbildung 2: Adressaten des Wettbewerbs im Krankenhausbereich

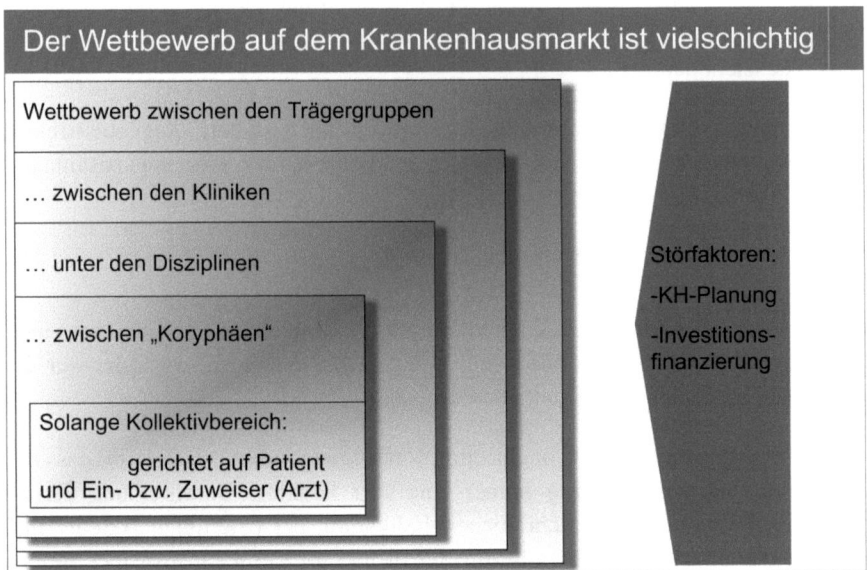

Quelle: Eigene Darstellung

2.3 Unterschiedliche Perspektiven respektieren

In den Guidelines für gute ökonomische Evaluation wird die Nennung der Perspektive des Analytikers regelhaft eingefordert. Dies klärt, welchem Ziel die Argumentation dient und von welcher Warte aus die Analyse erfolgt. Das gilt auch für die ökonomische Bewertung selektiven Kontrahierens.

Die Perspektive der Beteiligten unterscheidet sich in mehrfacher Hinsicht: Für den Patienten ist z. B. eine angemessene Entfernung zum Krankenhaus eine höchst rationale Perspektive. Für die regional verantwortliche Politik ist der Arbeitgeber Krankenhaus und die mit ihm verbundene mittelständische regionale Wirtschaft und das so generierte Steueraufkommen mindestens genauso bedeutsam wie die Versorgungsinfrastruktur im regionalen Kontext.

Für das Krankenhaus sind die betriebswirtschaftlichen Überlebensbedingungen eine höchst rationale ökonomische Perspektive. Für die Krankenkassen ist neben dem Versorgungskontext auch die Frage von Qualität und Effizienz der

Versorgungsstrukturen und ihrer Einbindung in einen überregionalen Versorgungszusammenhang von Bedeutung.

Die unterschiedlichen Perspektiven ließen sich beliebig erweitern[8], wenn man die Effekte der Krankenhausstruktur im Blick auf vor- und nachgelagerte Sektoren des Gesundheitswesens erweitern oder die Effekte für die soziale Krankenversicherung in Bezug auf andere Sozialversicherungszweige oder die Konsequenzen für eine öffentliche Budgetbelastung einbeziehen wollte. Neben der ökonomischen Perspektive sind mindestens die medizinische und die politische Perspektive gleichberechtigte Argumentationsgrundlagen.

Abbildung 3: Perspektiven der Beteiligten

Perspektiven der Beteiligten	
Perspektive Leistungserbringer -Direktvertrag bedeutet Unsicherheit und Aufwendungen -Verspricht zusätzliche Patienten	**Perspektive Krankenkasse** -Ziel: Steuerung in die Direktverträge -Nutzung Bonus/Malus möglich?
Perspektive Patient -Sucht unbeeindruckt von Selektivangebot bestmögliche Behandlung -Empfindet Malus als ungerecht und „Schlechtleistung" seiner Kasse	**Perspektive Versicherter** -unbeeindruckt von konkretem Leistungsbedarf -Wahlentscheidung nach Preis/Image
Verträge sind für Leistungserbringer nur attraktiv, soweit sie neue Patienten bringen.	Verträge sind für Kassen nur attraktiv, wenn sie wirtschaftliche Vorteile bringen.

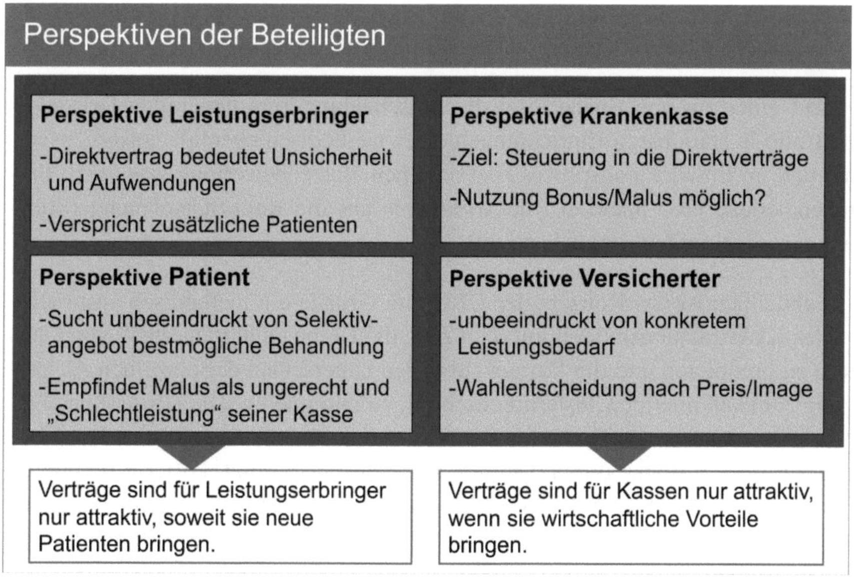

Quelle: Eigene Darstellung

Für unsere Fragestellung gilt festzuhalten: Zum Bedingungsrahmen selektiven Kontrahierens durch die Beteiligten gehört die seriöse Beurteilung unterschiedlicher Perspektiven im regionalen Versorgungszusammenhang.

---

[8] Rebscher, H., 2011, S. 348

2.4 Methodik schärfen

Der Planungs-, Regulierungs- und Steuerungsprozess im stationären Sektor wird durch eine Abfolge durchaus methodisch anspruchsvoller Instrumente gekennzeichnet, die sich jeweils in einem differenzierten und arbeitsteiligen Entwicklungsprozess befinden. Selektives Kontrahieren muss diese methodischen Vorgaben aufnehmen und in den jeweils exklusiven Versorgungsvertrag transportieren.

So folgt die öffentliche Angebotsplanung einem mehr oder weniger differenzierten Modell einer populationsorientierten Morbiditätsschätzung (wenigstens in seiner ambitionierten Form) und wird durch die zukünftige Versorgungsstrukturplanung unter Einschluss des ambulanten Versorgungsgeschehens und der spezial-fachärztlichen Versorgung an Komplexität zunehmen.

Auf einer zweiten Ebene folgt die Entscheidung zum generellen Leistungsportfolio in stationären Einrichtungen einer methodisch ebenfalls anspruchsvollen und im Entwicklungsprozess befindlichen Nutzenbewertung was (z. B: Protonentherapie etc.) auch zu Rückwirkungen auf die Kapazitätsplanung (Stichwort Innovationszentren) haben wird.

Schließlich ist das Konzept der DRGs im Grunde ein methodisch anspruchsvolles Klassifikationsmodell mit dem Ziel, die Homogenität innerhalb von Clustern zu optimieren und die Varianz, also den Unterschied der einzelnen Ausprägung zum kalkulierten Clusterdurchschnitt, zu minimieren. Die Historie des Einführungsszenarios der DRGs in Deutschland war nicht zuletzt vom Bemühen geprägt, die Varianz durch Einführen neuer DRGs und Differenzierung in Schweregrade und Co-Morbiditäten oder durch Kalkulation von Zusatzentgelten zu optimieren. Trotzdem bleiben Unschärfen, die für selektive Vertragsmodelle Fragen aufwerfen.

Abbildung 4: Das Varianzproblem

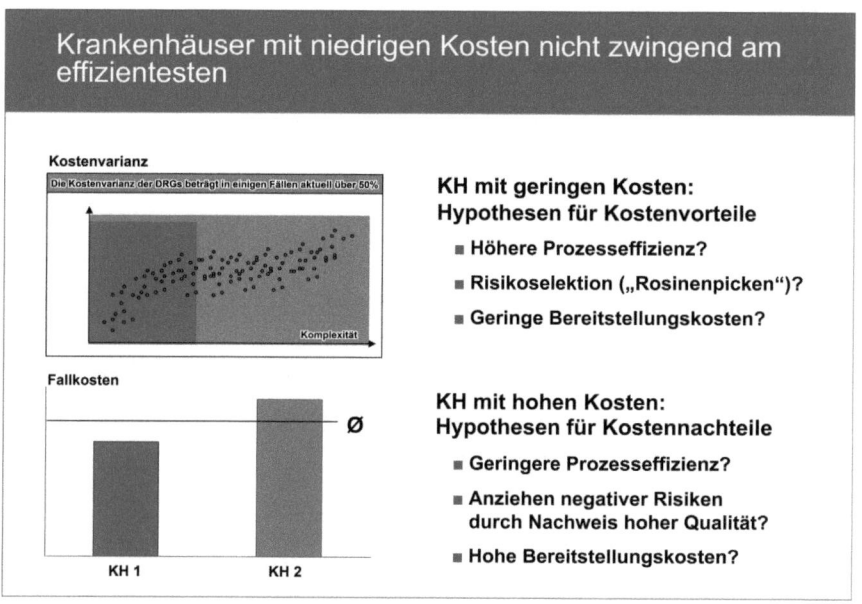

Quelle: Eigene Darstellung

Schließlich ist die Wirtschaftlichkeit nur im Verhältnis von Kosten und Nutzen zu definieren, weshalb das Konzept der Qualitätsmessung und die Suche nach geeigneten Qualitätsindikatoren ein zunehmend etabliertes wie anspruchsvolles Unterfangen darstellt. Gerade weil bezüglich des Problems des Umgang mit Varianz in Klassifikationssystemen bei einem nicht zufallsverteilten Patientenkollektiv (Hochrisikofälle) nach 10 Jahren DRG-Erfahrung differenzierte Erkenntnisse vorliegen und institutionelle Vorkehrungen (InEK) etabliert sind, stellt die Selektion eines kassen- und indikationsbezogenen Ausschnitts aus dem Leistungsportfolio des Krankenhauses kein triviales Unterfangen dar.

Für die Messung und Bewertung der Qualität wurden bereits wichtige Vorarbeiten geleistet. Es gibt für eine Vielzahl von differenzierten Indikatoren, entwickelte Qualitätskriterien, Messmethoden und (veröffentlichte) Vergleichsdaten (Rankings). Einfache Vergleiche in Qualitätsrankings sind jedoch für das Konzept des selektiven Kontrahierens nur eine notwendige, längst noch keine hinreichende Bedingung für konkrete Vertragsentscheidung oder deren nachhaltig akzeptierte Begründung.

Abbildung 5: Qualitätsranking

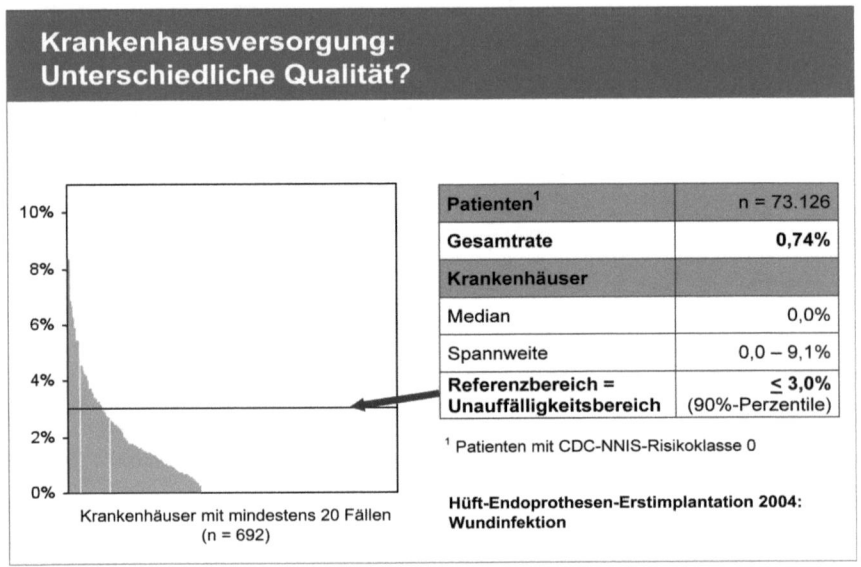

Quelle: BQS

Die Begrenztheit der Aussagen bezüglich des ökonomischen Vergleichs wie auch des qualitativen Vergleichs, trotz anspruchsvoller methodischer Ansätze, richtet den Blick auf den fairen Vergleich bezüglich der Wirtschaftlichkeit (Kosten und Qualität) als Auswahlkriterium selektiver Vertragsmodelle.

2.5 Fair bleiben

Faire Vergleiche bedürfen der Risikoadjustierung. Dafür wurden, insbesondere auch im Zusammenhang mit der Entwicklung der DRGs, in der Debatte um Qualitätsindikatoren und im Rahmen der Versorgungsforschung, wichtige methodische Entwicklungen eingeleitet und vorbereitet.

Die Notwendigkeit der Risikoadjustierung gilt übrigens für alle Klassifikationsmodelle, ob dies DRGs als Grundlage der Honorierung von Krankenhausleistungen sind, ob dies die HMGs (im RSA) als Grundlage für die möglichst risikoäquivalente Zuweisung von Finanzmitteln an Krankenkassen sind oder ob dies Morbiditätsklassifikationen zur Honorarentwicklung im ambulanten Bereich sind. Nur die methodische Güte des Instrumentariums schafft die Akzeptanz bei Betroffenen.

Für das DRG-System selbst kann man heute festhalten, dass der Entwicklungsprozess über nun 10 Jahre zu einer durchaus differenzierten Abbildung der konkreten Leistung eines Krankenhauses (ausgedrückt in Case Mix Punkten) geführt hat, die für weite Teile der Versorgungswirklichkeit Akzeptanz findet und nur noch in Nischen (Hochkostenfälle etc.) anpassungsbedürftig scheint. Für diesen Prozess gibt es jedenfalls etablierte institutionelle Regeln und Verantwortlichkeiten, sodass hier eine weitgehende Akzeptanz vorausgesetzt werden kann.

Für den Bereich der Qualitätsindikatoren ist methodisch und institutionell noch erhebliche Entwicklungsarbeit zu leisten. Über erste Ansätze gut messbarer und gut vergleichbarer Qualitätsindikatoren sind wir beim Thema Risikoadjustierung noch nicht hinausgekommen. Gerade diese Punkt wäre jedoch für die Akzeptanz des selektiven Kontrahierens im Kontext regionaler Konkurrenzstrukturen von erheblicher Relevanz.

Für die Akzeptanz selektiven Kontrahierens sind jedenfalls die Fairnessbedingungen „Kostenhomogenität" und „Risikoadjustierung" entscheidende Faktoren. Dies insbesondere vor dem Hintergrund, dass die interpersonal, intersektoral und interregional unterschiedlichen Perspektiven durch valide Informationen und Begründungen selektiven Vertragshandelns überzeugt werden müssen.

2.6 Versorgungszusammenhänge beachten

Jedes Krankenhaus ist in seinem regionalen Kontext einer der wesentlichen institutionellen Anker für die Organisation eines wohnortnahen Versorgungsnetzwerkes, das alle Stufen der medizinisch vor- und nachgelagerten Versorgungsbereiche umfasst. Dazu gehört auch das Netzwerk der nichtärztlichen Heilberufe, der Hilfsmittelausstattung bis hin zur sozialen Infrastruktur und Pflege.

Die Positionierung in dieser regionalen Versorgungsstruktur ist bei der Gestaltung selektiver Vertragsoptionen eine wesentliche Bedingung, um eine Akzeptanz der Akteure für diesen Versorgungszusammenhang zu schaffen. Dies ist unter anderem auch ein wichtiger Grund dafür, dass selektive Vertragsmodelle in aller Regel eine starke regionale Verankerung erfahren. Denn nur so sind gewachsene Netzwerke frühzeitig einzubinden.

Die Bedarfsentwicklung in einer Gesellschaft langen Lebens wird gerade das Vorhandensein von Arrangements institutionenübergreifender Versorgungsstrukturen zwingend erforderlich machen. Es gilt, den zukünftigen Bedarf aufgrund eines Zuwachses an chronischen Erkrankungen, eines Zuwachses an multimorbiden Patienten und den Infrastrukturbedingungen einer Gesellschaft langen Lebens eine adäquate regionale Versorgungsstruktur aufzubauen und zu stabilisieren. Dies ist gerade für selektive Vertragsmodelle eine gewaltige Herausforderung, da diesen zukünftigen Bedarfen nur populationsorientiert zu entsprechen ist.

Kassen sind in einem Konzept „selektiven Kontrahierens" nicht frei in der Auswahl ihrer Partner. Sie sind, wie schon heute bei Rabattverträgen, als öffentlicher Auftraggeber zu einem formal und zeitlich aufwändigen Ausschreibungsverfahren gezwungen, was die partnerschaftliche Entwicklung von Vertrags- und Versorgungsmodellen massiv erschwert.

Die seriöse Aufarbeitung der methodischen Grundlagen ist also nicht nur die zentrale inhaltliche „Legitimationsfrage" des Konzeptes „selektiven Kontrahierens", sie ist auch die formale „Legalitätsfrage", denn sie bestimmt die Belastbarkeit der Kriterien für und in rechtsförmigen Ausschreibungsverfahren zur Bestimmung der Vertragspartner.

Ein formelles Ausschreibungsverfahren ist jedoch nicht nur eine Herausforderung an die methodischen Grundlagen, sie birgt für den gesamten Bedingungsrahmen eine nicht unerhebliche Steigerung der Komplexität.

Abbildung 6: Bedingungsrahmen

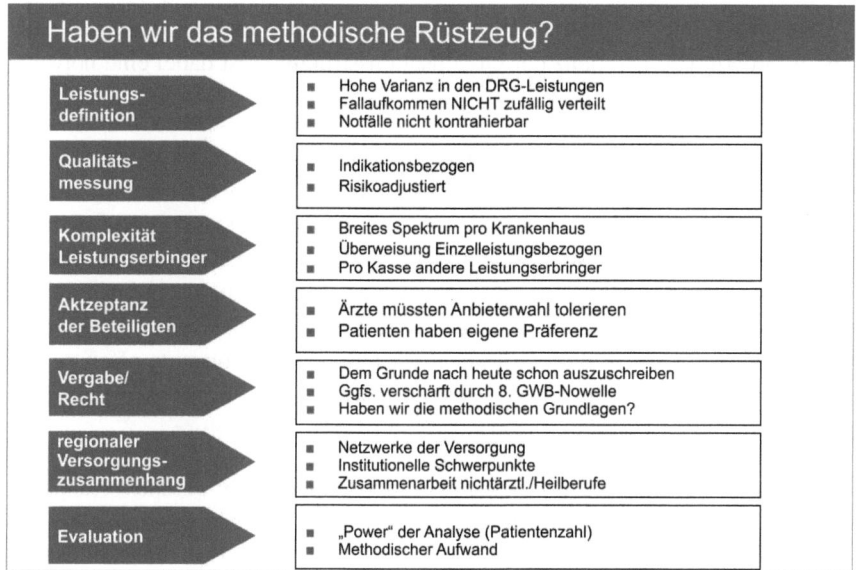

Quelle: Eigene Darstellung

3. Chancen nutzen – Die Zukunft der Selektivverträge

Der skizzierte Bedingungsrahmen selektiven Kontrahierens zeigt, warum das Konzept wettbewerblicher Suchverfahren trotz der Hoffnungen auf eine dadurch verbesserte Versorgungseffizienz (Wirtschaftlichkeit und Qualität) so umstritten bleibt. Er zeigt auch, warum das Konzept des selektiven Kontrahierens bisher jedenfalls regelhaft dann scheitert, wenn damit konkrete Anbieter „aus dem Versorgungsauftrag" „herausselektiert" werden sollen.

Wer den Bedingungsrahmen jedoch antizipiert, wird die Chancen selektiven Kontrahierens offensiv, glaubwürdig und akzeptanzfördernd, realisieren können. Es geht regelhaft nicht um den Ausschluss, also die Exit-Option für Anbieter, sondern es geht um den ergänzenden Kontrakt mit besonders qualifizierten und den Patientennutzen mehrenden Anbietern und deren Einbindung in einen rationalen Versorgungsprozess.

Die Vorteile des selektiven Kontrahierens liegen darin, dass die beteiligten Akteuren Chancen erhalten sektorale Grenzen zu überwinden und Suchprozesse zu entwickeln, um die Qualität von Versorgungsinhalten und Versorgungsabläufen zu fördern. Die Effizienz der Organisationsstrukturen ist dabei eine notwendige Bedingung.

Die ordnungspolitische Ausgangshypothese lautet dabei: „selektives Kontrahieren ist ein wettbewerbliches Instrument, das zielführend Effizienz in einem normativ auf Solidarität und Umverteilung gegründeten System schaffen hilft"[9]. Gerade wenn in diesem Sinne selektives Kontrahieren eine gesundheitsökonomisch vorzugswürdige Ergänzung der bestehenden korporatistischen Koordinationsordnung sein soll, gilt es in einer seriösen Beurteilungsmatrix die jeweiligen allokativen Stärken und Schwächen der alternativen Konzepte offen zu benennen, anhand überprüfbarer Kriterien zu gewichten und erfahrbare Verbesserungspotenziale im jeweiligen Kontext zu definieren.

Die Darstellung der methodischen Voraussetzungen zum verantwortungsbewussten Umgang mit dem Konzept des selektiven Kontrahierens, insbesondere die Berücksichtigung berechtigter und rationaler Perspektiven unterschiedlich Beteiligter im Versorgungszusammenhang zeigt, dass das Instrument des selektiven Kontrahierens allein noch nicht Akzeptanz schafft und dass der Begriff einer „effizienten Versorgung" auch in seiner individuellen Bestimmungsgröße für den einzelnen Patienten eine zentrale gesundheitsökonomische Herausforderung darstellt.

Wer das Konzept des selektiven Kontrahierens ernst nimmt, wer es erfolgreich als Ergänzung des Kollektivvertragsystems implementieren will und dauerhaft bevölkerungsorientiert relevante Benchmarks für die Suche nach besseren medizinischen Abläufen und Versorgungsinhalten etablieren will, der muss diese realen Bedingungen selektiven Kontrahierens beachten und dabei die Perspektive der Betroffenen im Vertragskontext ernst nehmen.

Mit der Berücksichtigung dieser methodischen und faktischen Voraussetzungen kann selektives Kontrahieren jedoch wesentliche Beiträge zum ständigen Suchprozess nach Qualität und Effizienz der Versorgung leisten, besser als der Ausschließlichkeitsanspruch des Kollektivvertragsystems dies je erfüllen konnte

---

[9] Rebscher, H., 2010, S. 47

und schneller als der politisch kaum mehrheitsfähige Ansatz eines den Kollektivvertrag ersetzenden Konzepts des wettbewerblichen Auswahlprozesses durch selektives Kontrahieren.

Literatur:

Binswanger, M., 2010, Sinnlose Wettbewerbe. Warum wir immer mehr Unsinn produzieren., Freiburg/Basel/Wien

Cassel, D., Ebsen, I., Greß, S., Jacobs, K., Schulze, S., Wasem, J., 2008, Vertragswettbewerb in der GKV, WidO, Bonn

Hayek, F. A., 1969, Wettbewerb als Entdeckungsverfahren in: ders., Freiburger Studien, Tübingen, S. 249-265

Rebscher, H., 2010, „Wettbewerb als Entdeckungsverfahren" im Gesundheitswesen – Chancen, Bedingungen, Grenzen, in: Oberender, P., Wettbewerb im Gesundheitswesen, Berlin, S. 35-57

Rebscher, H., 2011, „Perspektivenwechsel – Bewertungskategorien selektiven Vertragshandelns", in: Rüter, G. u.a., Gesundheitsökonomie und Wirtschaftspolitik, Stuttgart, S. 348 ff.

Rice, T., 2004, „Stichwort: Gesundheitsökonomie", Bonn

Sachverständigenrat zur Begutachtung der Entwicklung im Gesundheitswesen, Koordination und Qualität im Gesundheitswesen, Gutachten 2005; Baden Baden

Tesic, D., 2005, Kritisch auch: Rosenbrock, R., Gerlinger, Th., 2006, Bern, S. 282 u. 288

Bericht der Kommission Krankenhausfinanzierung in Selbstverwaltung, 1987, Hrsg. Robert Bosch Stiftung, Gerlingen, Bd. 20

Krankenhausfinanzierung in Selbstverwaltung - Teil2 - Verfassungsrechtliche Stellungnahmen, 1990, Hrsg.: Robert Bosch Stiftung, Gerlingen, Bd. 21

Wille, E., 2006, Die korporative Koordination als Allokationsmechanismus, in: Rebscher, H., Gesundheitsökonomie und Gesundheitspolitik, Heidelberg, S. 427 ff.

Die Krankenhausfinanzierung aus ordnungspolitischer Sicht

Günter Neubauer

1. Das deutsche Krankenhaussystem und seine Steuerung

Das deutsche Krankenhaussystem ist aus ordnungspolitischer Sicht in sich höchst widersprüchlich. Neben wettbewerblichen Elementen steht eine staatswirtschaftliche Ausrichtung. Schließlich ist nach wie vor die Mehrzahl der Krankenhäuser nach einem Krankenhausplan eingestuft und mit Versorgungsfunktionen versehen, wie sie klassischerweise in einer staatlichen Planwirtschaft vorzufinden sind. Dies ändert sich nicht durch die Vorgabe, dass die Pluralität der Krankenhausträger zu gewährleisten ist. Schließlich sind alle Krankenhausträger der Krankenhausplanung des jeweiligen Bundeslandes verpflichtet, sofern sie Kassenpatienten versorgen wollen. Die Krankenhausplanung wird komplettiert durch die Investitionslenkung der Länder. Die Finanzierung erfolgt über allgemeine Steuermittel und ist insofern ebenfalls einer Planwirtschaft entsprechend.

Auf der anderen Seite aber steht ein wettbewerblich orientiertes Vergütungssystem. Allerdings ist die Vergütung nur teilweise dem Wettbewerbsmodell entlehnt. Denn es wird faktisch Preiswettbewerb ausgeschlossen. Zugelassen wird lediglich Qualitätswettbewerb. Und schließlich sind in diesem Wettbewerbsprozess die eigentlich Betroffenen, nämlich die Patienten, nur peripher beteiligt. Nach wie vor haben Patienten kostenfreien Zugang zur Krankenhausversorgung, unabhängig von den jeweils ausgelösten tatsächlichen Kosten. Um das System vor einer Übernachfrage zu schützen, ist die Überweisung durch einen niedergelassenen Arzt erforderlich, außer es liegt ein Notfall vor. Wir haben somit nebeneinander drei Steuerungsmodule in unserem Krankenhausversorgungssystem, die untereinander nicht kompatibel sind und deswegen ständig zu Reibungsverlusten sowie auch Störungen im Prozessablauf führen. Die nachfolgende Übersicht verdeutlicht noch einmal das oben erläuterte.

Abbildung 1: Die deutsche Krankenhausversorgung und ihre Steuerung

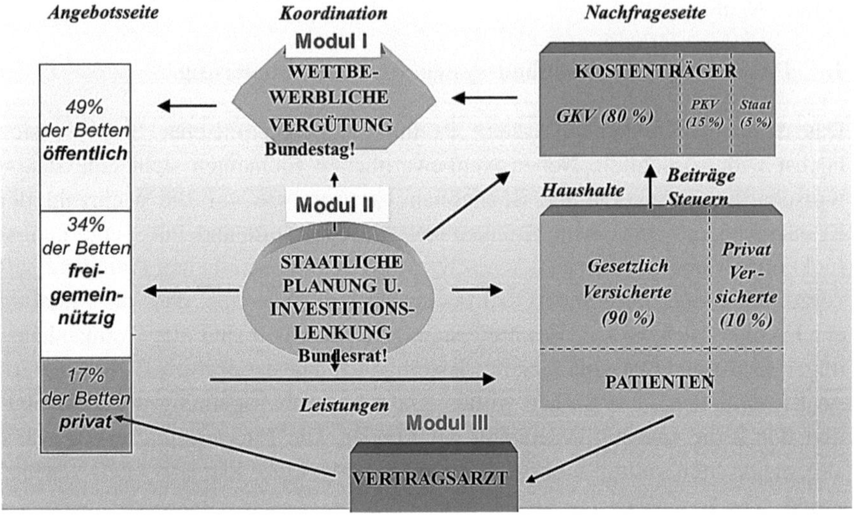

Angebotsseite — *Koordination* — *Nachfrageseite*

Modul I: WETTBEWERBLICHE VERGÜTUNG — Bundestag!

Modul II: STAATLICHE PLANUNG U. INVESTITIONS-LENKUNG — Bundesrat!

Modul III: Leistungen — VERTRAGSARZT

Angebotsseite:
- 49% der Betten öffentlich
- 34% der Betten frei-gemeinnützig
- 17% der Betten privat

Nachfrageseite:
- KOSTENTRÄGER: GKV (80 %), PKV (15 %), Staat (5 %)
- Haushalte → Beiträge / Steuern
- Gesetzlich Versicherte (90 %), Privat Versicherte (10 %)
- PATIENTEN

Quelle: Neubauer, 2011, S. 95

2. Steuerungsdefizite der Krankenhausversorgung

Wir haben schon einige Steuerungsdefizite pauschal angesprochen, die sich vor allen Dingen aus dem ordnungspolitischen Nebeneinander von Plan- und Wettbewerbswirtschaft ergeben. Einige Details sollen im Weiteren noch präziser angesprochen werden.

2.1 Wettbewerb in der Versorgungspyramide

Die Krankenhäuser sind nach den jeweiligen Krankenhausplänen der Länder mit unterschiedlichen Versorgungsaufgaben betraut. Die Krankenkassen haben umgedreht die Aufgabe von Erfüllungsgehilfen für die Krankenhauspläne. Dies drückt sich darin aus, dass jedes Plankrankenhaus Anspruch auf einen Versorgungsvertrag mit den Krankenkassen hat. Die Planung für die Versorgung der Krankenhäuser wiederum ist hierarchisch aufgebaut. Im Wesentlichen sind dies drei Stufen, nämlich die Regelversorgung, die Zentralversorgung und die Maximalversorgung.

Ursprünglich sollte jedes Krankenhaus lediglich seine ihm zugeordnete Versorgungsaufgabe erfüllen. Die zuweisenden Ärzte sind verpflichtet, die Patienten in die jeweils bedarfsgemäße und wirtschaftliche Versorgungsstufe einzuweisen. Dieses System ist heute jedoch faktisch unwirksam. Denn schließlich haben die Patienten quasi eine Wahlfreiheit des Krankenhauses, da die einweisenden Ärzte den Patientenwünschen weitgehend nachgeben. Eine Konsequenz daraus ist, dass die Plankrankenhäuser nicht nur den geplanten Bedarf, sondern darüber hinaus auch eine wettbewerbliche Nachfrage abdecken. Letzteres beinhaltet Patienten, die nach der Planung nicht vorgesehen sind, aber das Krankenhaus gewählt haben.

Nun ist die betriebswirtschaftliche Lage der meisten Krankenhäuser so, dass ein Verlust von fünf oder gar zehn Prozent der Patienten automatisch zu Defiziten bei den laufenden Kosten führt. Dies wiederum veranlasst die Krankenhäuser einer Abwanderung von Patienten nicht tatenlos zuzusehen, sondern selbst den Qualitätswettbewerb zu intensivieren. Letztlich versuchen Kliniken der Regelversorgung Patienten mit Leistungen aus der Zentral-, ja Maximalversorgung zu binden. Und auch Häuser der Zentralversorgung bemühen sich, in einigen Teilbereichen Leistungen der Maximalversorgung aufzuweisen, um den Patienten ihre medizinische Kompetenz zu signalisieren.

2.2 Verdrängungswettbewerb als Konsequenz

Eine Konsequenz des faktischen Wahlrechts der Patienten ist, dass die Krankenhäuser untereinander in einem intensiven Verdrängungswettbewerb stehen. Hinzu kommt, dass aufgrund der verkürzten Verweildauer der Patienten die meisten Krankenhäuser ihre Bettenkapazitäten nur noch mit Mühe auslasten können. Um nun nicht in Defizite zu geraten, konkurrieren die Krankenhäuser untereinander um Patienten. Dabei stellen wir fest, dass in diesem Verdrängungswettbewerb die Krankenhäuser, die sich am meisten von der Investitionsförderung der Länder lösen können, nämlich die privaten Krankenhausunternehmen, im Wettbewerbsprozess die Oberhand behalten. In der nachfolgenden Abbildung 2 haben wir den Wettbewerbsprozess der letzten 15 Jahre skizziert. Das Bild zeigt, dass in allen Größenkategorien die privaten Krankenhausunternehmen wachsen, während die öffentlichen und kommunalen Kliniken an Marktanteilen verlieren.

Abbildung 2: Verdrängungswettbewerb in deutschen Krankenhausmarkt (1995 bis 2010)

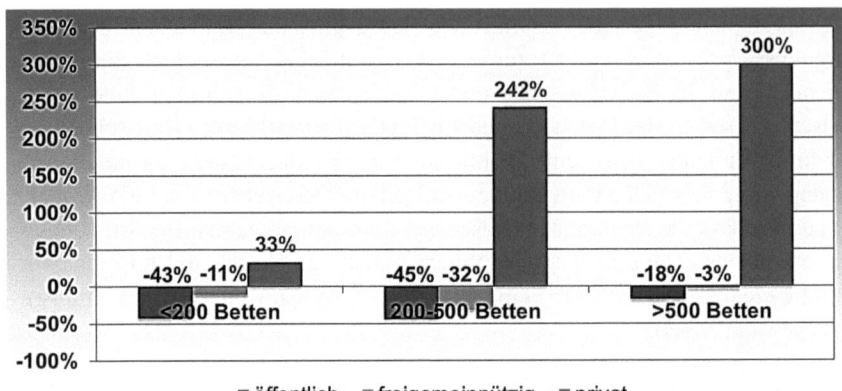

Quellen: Statistisches Bundesamt 1997 und 2012

Die großen Gewinner in diesem Prozess sind die vier dominanten Krankenhausketten, die in den letzten 15 Jahren ihren Marktanteil auf nahezu 15 Prozent steigern konnten. Aber auch die kommunalen, öffentlichen Krankenhäuser versuchen den Wettbewerbsdruck durch vermehrte Zusammenschlüsse abzuwehren. Dies führt dazu, dass heute in Gesamtdeutschland ein Konzentrationsprozess bei den Krankenhäusern stattfindet, der alle Typen von Krankenhäusern umfasst. Bei den kommunalen Häusern ist es vor allen Dingen der Versuch, die verschiedenen Krankenhausbetriebe, die einem kommunalen Träger gehören, zu einem Unternehmen zusammenzuschmieden. Dass dies nicht immer leicht ist, weil viele lokale Besonderheiten den Weg versperren, kann man an einer Vielzahl von erfolglosen Versuchen von Zusammenschlüssen auf kommunaler Ebene ablesen.

Deutsche Krankenhausversorgung im internationalen Vergleich

Im internationalen Vergleich können wir feststellen, dass die deutsche Krankenhausversorgung immer noch überdurchschnittlich viele Krankenhausbetten aufweist, und die Verweildauer ebenso überdurchschnittlich hoch ist wie auch die

Krankenhaushäufigkeit. Das heißt, Deutschland hat eine Überversorgung an Krankenhausleistungen, ohne aber überdurchschnittlich viel auszugeben. In Konsequenz führt dies zu dem derzeit stattfindenden Verdrängungswettbewerb.

Abbildung 3: Deutsche Krankenhausversorgung im internationalen Vergleich

Land	Durchschnittliche akutstationäre Verweildauer 2010	Akutbetten je 1.000 Einwohner 2010	Krankenhaushäufigkeit pro 1.000 Einwohner 2010	Krankenhauskosten pro Fall 2007*
Schweden	5,7	2,7	163	5.201
Finnland	11,6	5,9	182	3.978
Frankreich	5,7	6,4	169	3.957
Spanien	6,3	3,2	102	5.455
EU	6,9	5,3	176	---
Deutschland	9,5	8,3	240	4.251

* Ausgaben für akut stationäre Behandlung pro Krankheitsfall, in Dollar, umgerechnet nach Kaufkraftparitäten

Quelle: Deutsche Krankenhausgesellschaft, 2009 und OECD, 2012

3. Ordnungspolitisches Resetting des DRG-Systems nötig

Das DRG-System ist ohne Zweifel ein effizientes Vergütungssystem, das allerdings - wie alle Vergütungssysteme - strategieanfällig ist. Insbesondere wenn das DRG-System so gehandhabt wird, wie das z. Zt. in Deutschland der Fall ist, führt dies auf mittlere Sicht zu entsprechenden Strategien der Krankenhäuser, die zwar bezogen auf das gegebene Vergütungssystem optimal, aber für die gesamte Gesundheitsversorg suboptimal, bzw. ineffektiv sind.

Einige dieser Schwächen des deutschen DRG-Systems ist die hohe Zahl an Kurzliegern in den Krankenhäusern. Da die Krankenhäuser betriebswirtschaftlich Nachteile hätten, wenn sie Kurzlieger nur tagesklinisch behandeln, sind rund 30 Prozent aller Krankenhauspatienten Patienten, die das Krankenhausbett nicht bräuchten. Zumindest lässt sich das im internationalen Vergleich feststellen. Nötig wäre, dass die untere Grenzverweildauer in der derzeitigen Form neu gefasst, bzw. ganz aufgehoben wird.

Eine zweite Ungereimtheit ist, dass die belegärztliche Versorgung im DRG-System ökonomisch diskriminiert wird. Nur so ist zu verstehen, warum belegärztliche Leistungen bei gleicher DRG-Gruppierung 20 Prozent weniger an Vergütung erhalten. Dahinter steckt die nach wie vor vorhandene Kostenorientierung des DRG-Systems. Nicht die gleiche Leistung der Belegärzte wird honoriert, sondern die niedrigeren Kosten der Belegärzte werden entsprechend zur Grundlage der Vergütung gemacht. Dass dies zu einer Verdrängung der Belegärzte führt, kann eigentlich nur Sachunkundige überraschen.

Ein letztes Defizit, das wir hier ansprechen wollen, ist die unzureichende Vergütung von Notfallpatienten. Derzeit werden Notfallpatienten über den Durchschnitt der Vergütung aller Patienten abgebildet. Doch beinhaltet die Beteiligung an der Notfallversorgung noch keine Aussage, in welchem Umfang tatsächlich Notfallpatienten versorgt werden. Es wäre daher notwendig, neben dem allgemeinen Zuschlag für die Bereitschaft zur Notfallversorgung auch noch den jeweiligen versorgten Patienten höher zu vergüten. Insgesamt würde so die Notfallversorgung für Krankenhäuser nicht nur attraktiver, sondern auch wirtschaftlich tragfähiger.

Ein derzeit häufig diskutiertes System ist das Fallmengenwachstum in den Krankenhäusern. Es kann wenig verwundern, dass Krankenhäuser, die im Durchschnitt pro Fall unzureichend vergütet werden, nur über die Ausdehnung der Fallmenge bei entsprechenden DRGs einen höheren Kostendeckungsgrad erreichen können. Von daher streben heute Krankenhäuser mit Macht eine Maximierung der Casemix-Punkte an. Eine Erscheinungsform davon ist, dass leitende Ärzte in ihrem Vergütungssystem entsprechende Anreize vorfinden. Dies führt zu den seit dem Jahr 2012 intensiv diskutierten Fehlanreizen bei den Ärzten. Die Antwort, die Anfang des Jahres 2013 gesucht wird, liegt darin, die Vergütungssysteme für leitende Ärzte entsprechend zu „entschärfen". Sinnvoller wäre es freilich das DRG-System selbst dahin zu verändern, dass mehr qualitätsorientierte Variablen im Entgeltsystem eine Rolle spielen.

4. Ordnungspolitische Neuausrichtung: Preiswettbewerb installieren

Wir haben ganz am Anfang bereits angesprochen, dass im System der DRG-Vergütung kein Preiswettbewerb zwischen den Krankenhäusern vorgesehen ist, bzw. erlaubt wird. Für alle Krankenhäuser in einem Bundesland ist eine einheitliche Vergütung vorgesehen. Wir vertreten jedoch die These, dass über eine Flexibilisierung der Preise eine bessere Steuerung erzielt werden kann, als das bei landesweiten Einheitspreisen und spezifischer Mengensteuerung erreichbar ist.

Abbildung 4: Die Alternative: Begrenzte Flexibilisierung des Basisfallwertes

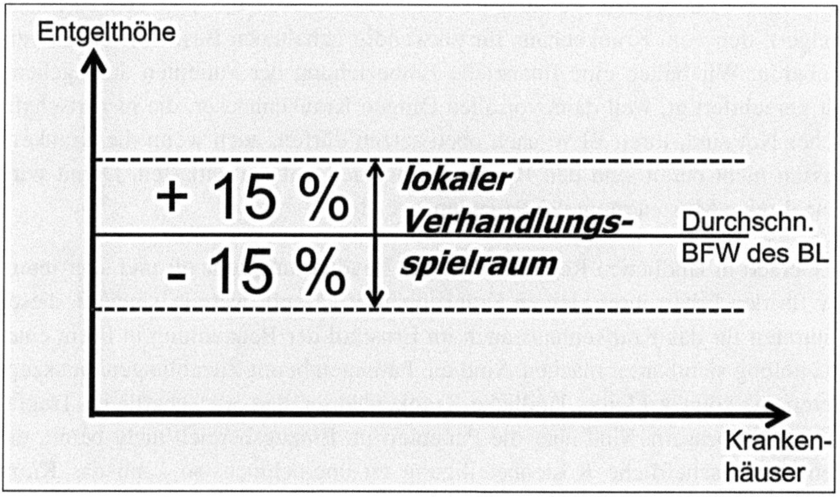

Quelle: Neubauer et al., 2011, S. 152

Unser Vorschlag geht dahin, dass zwar nach wie vor ein landesweiter Basisfallwert zwischen den Verhandlungsparteien ausgehandelt wird, von diesem landesweiten Basisfallwert aber nach beiden Seiten in einem Korridor von 15 Prozent abgewichen werden darf. Es käme also darauf an, dass die Verhandlungspartner unter Berücksichtigung von regionalen Besonderheiten, aber auch von Qualitätsmerkmalen, die Vergütung entsprechend variieren können. Das schafft mehr Flexibilität vor Ort und damit auch Steuerungskapazität. Abbildung 4 skizziert diesen Vorschlag.

Damit eine Preisflexibilisierung von den Patienten angenommen wird, ist es notwendig, dass die Krankenkassen zumindest optional ihren Versicherten Krankenhaustarife mit prozentualer Kostenbeteiligung anbieten dürfen. Denn nur wenn Patienten die Preisflexibilisierung bzw. Unterschiede wahrnehmen, können sie auch auf diese Signale hin reagieren.

Einigen sich Krankenkassen und Krankenhäuser nicht auf eine entsprechende Vergütung, so ist es für beide Seiten möglich den hausspezifischen Basisfallwert (BFW) in dem festgelegten Preiskorridor auch ohne Zustimmung des jeweiligen Vertragspartners festzusetzen. Das heißt, es könnte sein, dass Patienten nicht ihre volle Krankenhausrechnung erstattet erhalten, da die Krankenkasse sich weigert, den vom Krankenhaus für notwendig gehaltenen Basisfallwert zu vereinbaren. Wir halten eine finanzielle Einbeziehung der Patienten dahingehend für gerechtfertigt, weil dann vor allen Dingen Krankenhäuser, die in wirtschaftlicher Not sind, ihren BFW nach oben setzen dürfen, auch wenn die Krankenkassen nicht bereit sind den Patienten finanziell voll zu entlasten. Damit wird eine direkte Mitsteuerung der Patienten erreicht.

Gerade in ländlichen Regionen, wo die Bevölkerung sehr oft und sehr intensiv für den Erhalt ihrer kleinen Krankenhäuser kämpft, wäre es sinnvoll, dieses Eintreten für das Krankenhaus auch im Ernstfall der Behandlung in Form einer Zuzahlung sichtbar zu machen. Sind die Patienten bereit Zuzahlungen zu akzeptieren, so können kleine, ländliche Krankenhäuser ihre wirtschaftliche Tragfähigkeit verbessern. Sind aber die Patienten im Einzugsbereich nicht bereit, die betriebswirtschaftliche Kostenbeteiligung zu übernehmen, so kann das Krankenhaus und auch die Bevölkerung nicht länger für die Notwendigkeit eines solchen Krankenhauses streiken und demonstrieren. Wir hätten damit eine sehr viel transparentere und ehrlichere Diskussion über die Reorganisation der Krankenhausversorgung und über den Erhalt von Krankenhausstandorten.

5. Ausblick: Nach der Wahl 2013 ist vor der Reform 2014/15

Die anhaltenden Finanzierungsungleichgewichte der Gesetzlichen Krankenversicherung werden von den politischen Parteien bereits aufgegriffen und die Vorstellungen für eine nächste Reform formuliert. Damit folgt die Politik einem langfristigen Trend, der sich etwa seit 1975 beobachten lässt. Finanzierungsreformen der Gesetzlichen Krankenversicherung sind seitdem unpopulär und werden deswegen jeweils nach einer Bundestagswahl durchgeführt. Aus der Abbildung 5 können wir die nächste Reform ableiten. Es lässt sich nämlich der statistische Zusammenhang beobachten, dass sich vor einer Bundestagswahl die Reformintensität stark abschwächt, um danach steil anzusteigen.

Gleichzeitig können wir feststellen, dass in der GKV auf kleine Reformen tiefgreifende, große Reformen folgen. Aus unserer Sicht fand 2011 mit dem GKV-Finanzierungsgesetz eine kleine Reform statt, und damit stünde nach der Logik eine große Reform 2014/15 an. Eine solche große Reform wird sich mit der grundlegenden Finanzierung der Gesetzlichen Krankenversicherung zu beschäftigen haben. Es geht um die Alternative, einen flächendeckenden Zusatzbeitrag einzuführen, oder eine Bürgerversicherung zu etablieren. Da aus heutiger Sicht die nächste Bundesregierung möglicherweise von Anhängern beider Reformvorschläge gestellt wird, sollte dies zu einem Kompromiss zwischen beiden Reformvorschlägen führen. Wie dieser aussehen kann, darüber könnte man heute nur spekulieren. Wir wollen aber lieber den Ausgang der Bundestagswahl 2013 abwarten und dann die Reformbemühungen aufmerksam beobachten.

Abbildung 5: Nach der Wahl 2013 ist vor der Reform 2014/15

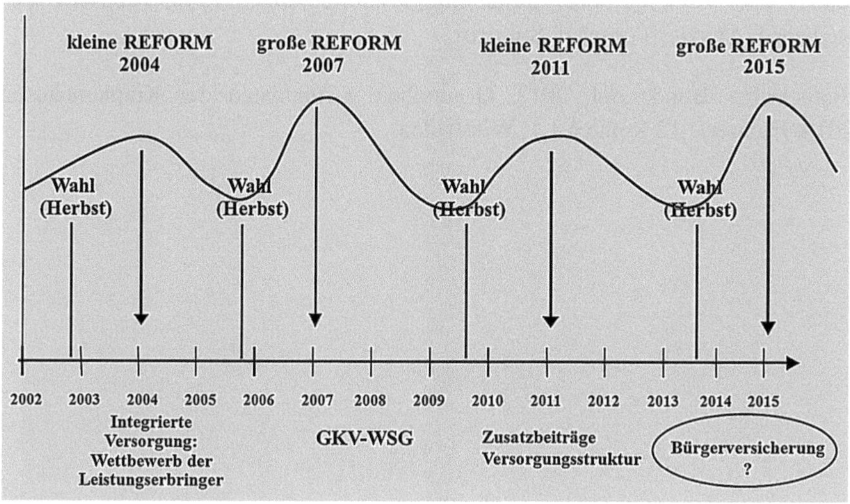

Quelle: Neubauer, 2006, S. 47ff

Literatur:

Deutsche Krankenhausgesellschaft, 2009, Zahlen Daten Fakten 2009, Verlag Deutsche Krankenhausgesellschaft bmH, Düsseldorf.

Neubauer G., 2006, Private im Vormarsch! In: Neubauer G. (Hrsg.) Ein Vierteljahrhundert Gesundheitsökonomie und Gesundheitspolitik, Aufsatzsammlung, München.

Neubauer G., 2011, Krankenhausplanung in der Sachgasse: Eine ordnungspolitische Neubesinnung ist notwendig. In: Neubauer G. (Hrsg.) Ein Jahrzehnt Gesundheitsökonomie und Gesundheitspolitik 2000-2010, Band II, München, S. 91-116.

Neubauer G., Beivers, A. und Paffrath, D., 2011, Die Zukunft der Vergütung von Krankenhausleistungen, In: Klauber J., Geraedts M., Friedrich J., Wasem J., Krankenhausreport 2011, Schattauer, Stuttgart.

OECD, Health at a glance: Europe 2012.

Statistisches Bundesamt, 1997, Gesundheitswesen, Grunddaten der Krankenhäuser und Vorsorge- oder Rehabilitationseinrichtungen 1995, Fachserie 12, Reihe 6.1, Metzler-Poeschel, Stuttgart.

Statistisches Bundesamt, 2012, Gesundheit, Grunddaten der Krankenhäuser 2010, Fachserie 12 Reihe 6.1.1, Wiesbaden.

Aktuelle Herausforderungen und Perspektiven der Gesundheitspolitik: Die Sicht der Krankenhäuser

Alfred Dänzer

Die deutschen Krankenhäuser stehen vor großen Herausforderungen. Die äußerst angespannte wirtschaftliche Situation vieler Krankenhäuser könnte schon bald zu einer ernsthaften Gefährdung der flächendeckenden Krankenhausversorgung führen. Die Gründe für die aktuelle Lage der Krankenhäuser sind vielfältig. Die zahlreichen Kürzungsmaßnahmen, die die Politik den Krankenhäusern in den vergangenen Jahren zur Sanierung der Krankenkassen abverlangt hat, sind ohne Zweifel ein zentraler Faktor. Hinzu kommen strukturelle Schwächen des gegenwärtigen Krankenhausvergütungssystems und gesetzliche Rahmenbedingungen, die den Krankenhäusern immer mehr bürokratische Lasten aufbürden.

Dringend erforderlich ist aber auch eine Antwort der Politik auf die Frage, wie der steigende Behandlungsbedarf der älter werdenden Bevölkerung in Zukunft finanziert werden soll. Einer grundlegenden Diskussion bedarf darüber hinaus der zukünftige Umgang mit dem medizinisch-technischen Fortschritt. Zum Wohle der Patienten erweitert er die Behandlungsmöglichkeiten stetig, zugleich bringt er aber auch entsprechende Finanzierungsnotwendigkeiten mit sich. Die Krankenhäuser können diese zusätzlichen Lasten nicht alleine schultern.

1. Deutsche Krankenhäuser im internationalen Vergleich

Der internationale Vergleich der Leistungsdaten von Krankenhäusern belegt die überdurchschnittliche Leistungsfähigkeit und Effizienz der Krankenhausversorgung in Deutschland eindrücklich. Die jüngst von der OECD veröffentlichten, internationalen Vergleichszahlen weisen für Deutschland durchschnittliche Krankenhausfallkosten in Höhe von 4.578 USD aus. Damit liegt Deutschland im hinteren Mittelfeld, deutlich hinter Ländern wie die Niederlande (12.370 USD), die USA (11.341 USD), die Schweiz (8.797 USD) oder Frankreich (7.798 USD), die weit höhere Fallkosten vorzuweisen haben (vgl. Abbildung 1).

Abbildung 1: Krankenhauskosten 2010 je Fall in Dollar

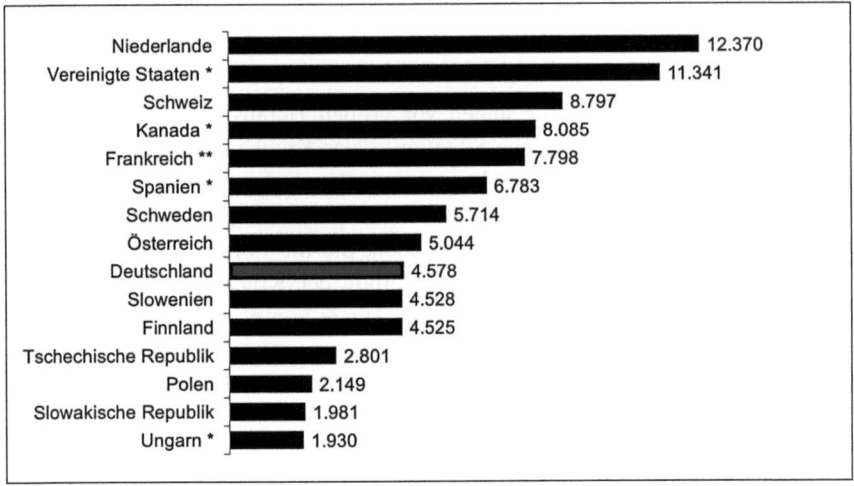

Quelle: OECD Health Data 2012

Ein weiterer Beleg für die weit überdurchschnittliche Effizienz der Krankenhausversorgung in Deutschland ist der Vergleich der Patientenentlassungen je Krankenhausmitarbeiter (vgl. Abbildung 2). In dieser Statistik wird Deutschland lediglich von der Slowakischen Republik übertroffen. Mit einem Wert von 21,7 Patientenentlassungen je Mitarbeiter (PjM) übertrifft Deutschland Länder wie die Niederlande (9,8 PjM), die Schweiz (9,5 PjM) oder Frankreich (9,0) deutlich. Belegt wird durch diese Statistik allerdings auch die hohe Arbeitsverdichtung in den deutschen Krankenhäusern, die nicht zuletzt auf die restriktiven Finanzierungsbedingungen und die daraus resultierende, äußerst angespannte wirtschaftliche Situation vieler Krankenhäuser zurückzuführen ist.

Die Gesundheitsdaten der OECD zeigen zudem, dass der Anstieg der Gesundheitsausgaben in Deutschland im internationalen Vergleich äußerst niedrig ausfällt. Im Zeitraum von 2000 bis 2010 sind die Gesundheitsausgaben in Deutschland demnach um jährlich 4,9 Prozent angestiegen (vgl. Abbildung 3). Langsamer stiegen die Ausgaben nur in Österreich, Italien und Island. In den anderen von der OECD aufgelisteten Ländern, darunter etwa die Slowakische

Republik (+ 13,1 Prozent), Spanien (+ 9,7 Prozent), Niederlande (+ 8,4 Prozent) oder die USA (+ 6,6 Prozent), fiel der Anstieg erheblich höher aus.

Abbildung 2: Patientenentlassungen 2010 je Krankenhausmitarbeiter

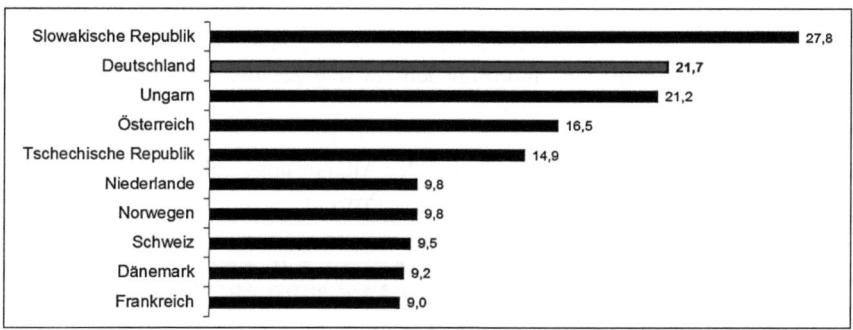

Quelle: OECD Health Data 2012

Abbildung 3: Anstieg der Gesundheitsausgaben 2000 bis 2010

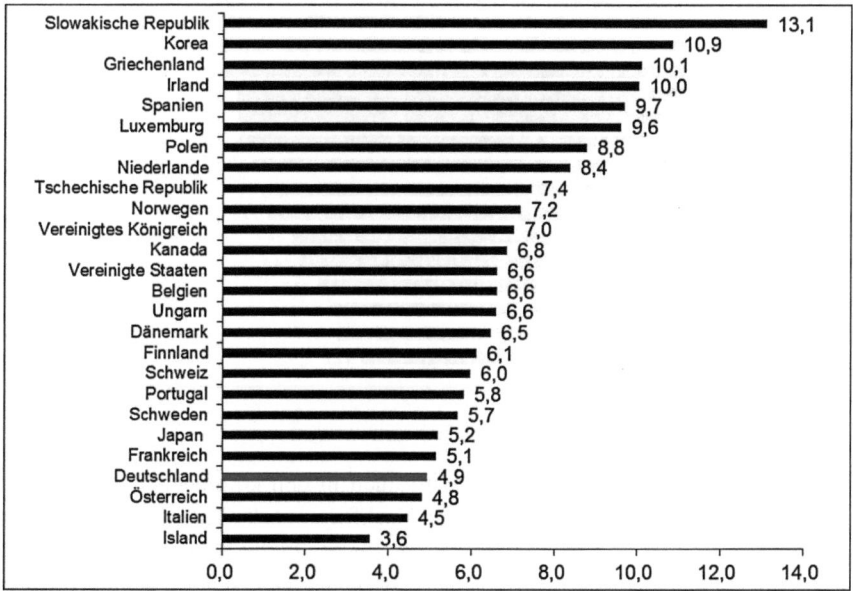

Quelle: Health at a Glance: OECD Indicators

2. Auswirkungen des demographischen Wandels

Der im Vergleich niedrige Anstieg der Gesundheitsausgaben in Deutschland ist umso beachtlicher, als dass der Anteil der Altersgruppe der über 65-Jährigen an der Gesamtbevölkerung in Deutschland mit 20,7 Prozent so hoch ist wie in kaum einem anderen der OECD-Länder. Der demographische Wandel war somit bereits in den vergangenen Jahren für den Anstieg des Behandlungsbedarfs mitverantwortlich (vgl. Abbildung 4).

Abbildung 4: Anteile der Bevölkerung der Altersgruppe „über 65 Jahre" an der Gesamtbevölkerung 2011 in Prozent

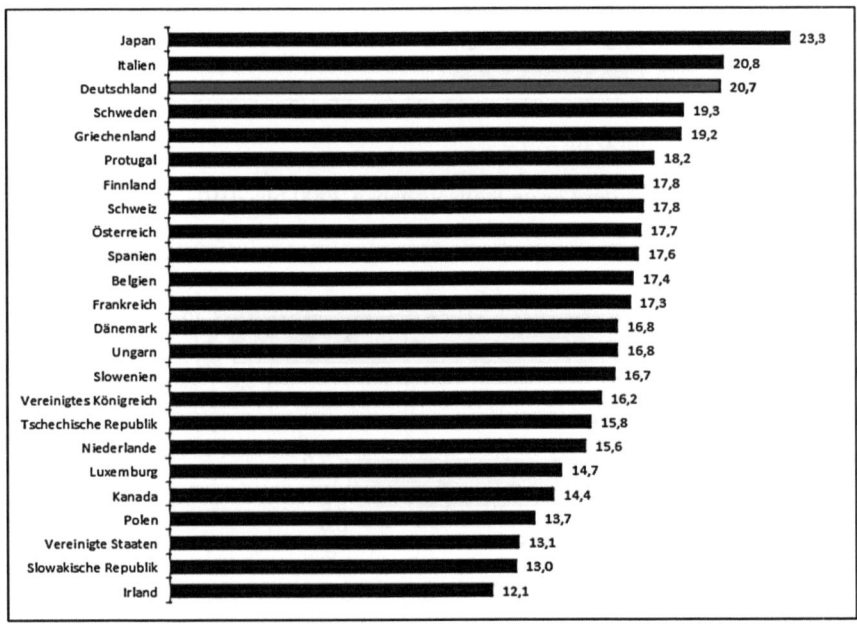

Quelle: OECD Health Data 2012

Die älter werdende Bevölkerung wird auch in den kommenden Jahrzehnten den Behandlungsbedarf und damit die Nachfrage nach Gesundheitsleistungen ansteigen lassen. In besonderem Maße werden davon die Krankenhäuser betroffen sein. Das Statistische Bundesamt geht von einem demographiebedingten Anstieg der Krankenhausfälle um rund eine Millionen Fälle auf 19,3 Millionen im Jahr 2030 aus (vgl. Abbildung 5). Nicht mitberücksichtigt ist in dieser Darstellung der steigende Behandlungsbedarf aufgrund anderer Faktoren, wie zum Beispiel infolge des medizinisch-technischen Fortschritts oder einer gestiegenen Erwartungs- und Anspruchshaltung der Bevölkerung an das Gesundheitssystem.

Abbildung 5: Prognose Behandlungsbedarf: Krankenhausfälle in 2030

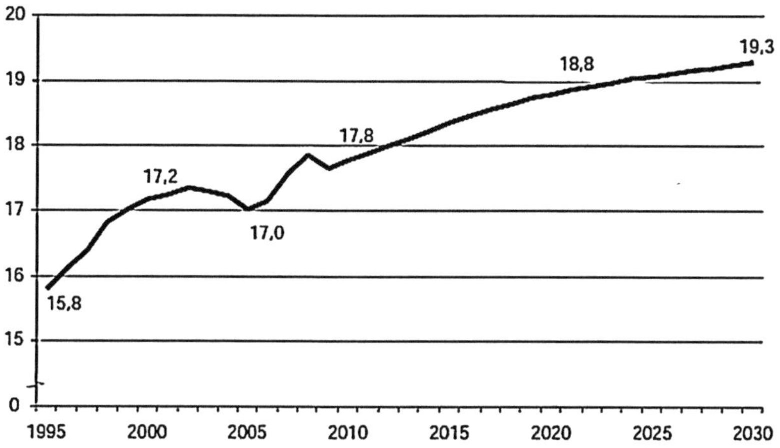

Quelle: Destatis, Pressemitteilung Nr. 430 vom 22.11.2010; Demographischer Wandel in Deutschland, Heft 2, S. 12

3. Die wirtschaftliche Situation der Krankenhäuser

Viele Krankenhäuser in Deutschland sind in den vergangenen Jahren zunehmend in eine wirtschaftliche Schieflage gerutscht. Aktuelle Umfragen gehen davon aus, dass bereits im Jahr 2011 über 30 Prozent der Krankenhäuser Defizite erwirtschafteten. Für die Jahre 2012 und 2013 gehen die Umfragen von einer weiteren Verschärfung aus, so dass der Anteil der defizitären Krankenhäuser die 50-Prozent-Marke schon bald überschreiten wird.

Die Ursachen für diese Entwicklung sind vielfältig. Ein zentraler Faktor sind unzweifelhaft die zahlreichen gesetzlichen Kürzungsmaßnahmen der letzten

Jahre. So wurde die gesetzliche Obergrenze (Veränderungsrate) für den Preiserhöhungsspielraum der Landesbasisfallwerte 2011 und 2012 deutlich gekürzt. Hinzu kommen die für die Jahre 2011 bis 2014 eingeführten Abschläge für Mehrleistungen, die von den Kliniken mit den Krankenkassen vereinbart werden. Selbst unter Berücksichtigung des Entlastungseffektes aus der Erhöhungsrate, die den Krankenhäusern in 2012 einen anteiligen Ausgleich der gestiegenen Tariflöhne gewährte, summieren sich die Belastungen der in dieser Legislaturperiode beschlossenen Kürzungsmaßnahmen auf über 2 Milliarden Euro (vgl. Tabelle 1).

Tabelle 1: Auswirkungen des GKV-FinG und des PsychEntgG

	2011	2012	2013	2014
Gekürzte Veränderungsrate 2011	- 150 Mio. €	- 150 Mio. €	- 150 Mio. €	- 150 Mio. €
Gekürzte Veränderungsrate 2012		- 300 Mio. €	- 300 Mio. €	- 300 Mio. €
Mehrleistungsabschlag	- 350 Mio. €	- 270 Mio. €	- 260 Mio. €	- 260 Mio. €
2-jähriger Mehrleistungsabschlag				- 250 Mio. €
Erhöhungsrate		+ 300 Mio. €	+ 300 Mio. €	+ 300 Mio. €
Wegfall BAT-Ausgleichsrate Psychiatrie			- 25 Mio. €	- 25 Mio. €
Summe			- 1,4 Mrd. €	- 0,7 Mrd. €	Gesamtlast =
Gesetzgebung der Koalition entzieht den Krankenhäusern				2,1 Mrd. €

Quelle: Gesetzesbegründungen GKV-FinG und PsychEntgG, eigene Berechnungen

Ein weiterer Belastungsfaktor sind die Mängel im derzeitigen Finanzierungssystem. Insbesondere die doppelte Berücksichtigung von zusätzlichen Leistungen auf der Landes- und der Ortsebene („doppelte Degression") und die Deckelung des Preiserhöhungsspielraums durch den Veränderungswert haben dazu geführt, dass immer weniger Krankenhäuser ihre Personal- und Sachkosten über die normale Regelvergütung finanzieren können, und sich die Tariflohn-Erlös-Schere immer weiter öffnet (vgl. Abbildung 6).

Abbildung 6: Tariflohn-Erlös-Schere

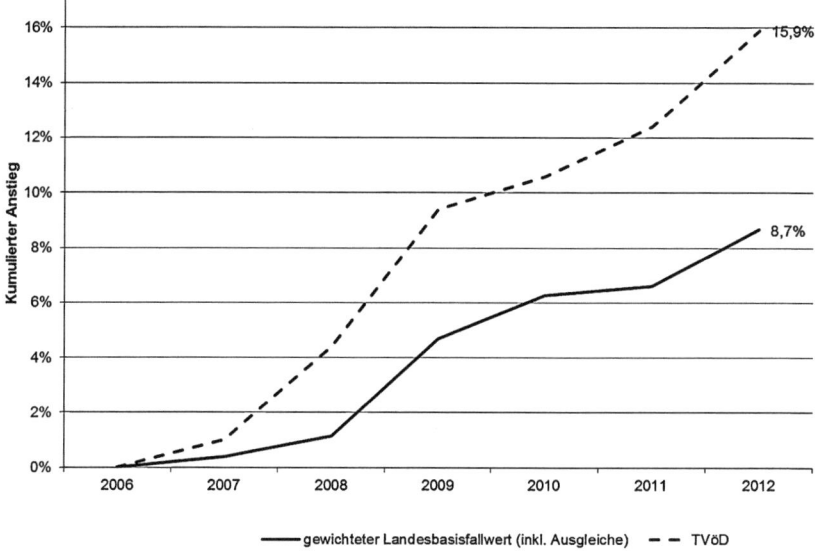

Quelle: TVöD Verhandlungsergebnisse 2006-2012, eigene Berechnungen

4. Handlungsbedarf

Der kurz- und mittelfristige Handlungsbedarf ist damit vorgezeichnet. Für die Jahre 2013 und 2014 brauchen die Krankenhäuser als kurzfristig wirkende Finanzhilfe einen gesetzlichen Aufschlag auf die Landesbasisfallwerte. Nur so wird es den Kliniken möglich sein, die jüngsten Tariferhöhungen sowie weitere, unabwendbare Kostenbelastungen, wie den dramatischen Anstieg der Haftpflichtprämien (+ 200 Mio. Euro in 2013) oder den Anstieg der EEG-Umlage (+ 70 Mio. Euro in 2013) zu finanzieren. Als weitere kurzfristige Hilfemaßnahmen schlagen die Krankenhäuser ein breit angelegtes Förderprogramm Infektionsprävention, eine Umgestaltung des Sicherstellungszuschlages sowie eine Minderung der negativen Effekte der doppelten Degression vor.

Mittelfristig muss das gesamte Finanzierungssystem auf den Prüfstand gestellt werden. Zentrales Ziel muss dabei sein, dass sich in Zukunft wieder jedes

Krankenhaus, das wirtschaftlich geführt wird und seinen Versorgungsauftrag erfüllt, aus den regelhaften Preisanpassungen finanzieren kann. Bedeutende Hilfestellungen, wie ein solches Finanzierungssystem ausgestaltet sein könnte, erwarten sich die Krankenhäuser aus dem Forschungsgutachten zur Leistungsentwicklung, mit dem der Gesetzgeber die gemeinsame Selbstverwaltung aus Krankenhäusern und Krankenkassen beauftragt hat. Erste Ergebnisse sollen noch in 2013 vorgelegt werden. Neben der Betriebskostenfinanzierung wird allerdings auch die Investitionsfinanzierung wieder auf die politische Agenda zu bringen sein. Sollten sich die Länder in den kommenden Jahren weiterhin nicht in der Lage sehen, ihrer Verantwortung für die Investitionsförderung der Krankenhäuser vollständig gerecht zu werden, müsste in diesem Rahmen auch über eine Beteiligung des Bundes diskutiert werden.

Soziale Sicherung und Gesundheitswirtschaft – ein Spannungsfeld

Axel Ekkernkamp

Ausgangslage

Nach dem erbitterten Widerstand besonders aus dem Kreis der Ärzteschaft gegen die gemeinsame Nutzung der Begriffe Gesundheit und Wirtschaft, haben sich die Verhältnisse nur zehn Jahre später umgekehrt. Zunehmend wird Gesundheitswirtschaft synonym für Gesundheitswesen missbraucht.

Angesichts der vorübergehend prall gefüllten Kassen der gesetzlichen Krankenversicherungen scheinen Sorgen vor dem Kollaps dieses wichtigen Systems nicht mehr zu bestehen. Vergessen sind die Schließungen zweier Kassen noch im Kalenderjahr 2011.

Nachdem CDU und SPD mit Themen der zukünftigen Krankenkassenfinanzierung bei der Bundestagswahl 2005 Schiffbruch erlitten hatten, diese Thematik 2009 gar nicht mehr vorkam, scheint der Wahlkampf 2013 die wohl modifizierte Bürgerversicherung zu reaktivieren.

Bleibt zu beleuchten, welche Auswirkungen die Einführung der Bürgerversicherung bezogen auf die Leistungserbringer und auf die weitere Förderung der Gesundheitswirtschaft haben könnte.

Gesundheitswirtschaft schon akzeptiert?

Unter Politikern, Repräsentanten der Pharmazeutischen und Medizintechnischen Industrie, dem Gesundheitshandel, den Krankenhausorganisationen und vielen Weiteren ist die Forderung nach und die Förderung von Gesundheitswirtschaft selbstverständlich. Die von Ulf Fink aufgebrachte These, aus Made in Germany würde international Med in und aus Germany ist konsentiert.

Möglicherweise wegen völlig anderer Themen innerhalb der Kassenärztlichen Vereinigungen und wegen noch nicht überbrückter Sprachbarrieren zwischen Krankenhausleitungen und kurativ tätigen Mitarbeiterinnen und Mitarbeitern, insbesondere aus dem Kreis der Ärzteschaft, gibt es bezüglich der Akzeptanz noch erheblichen argumentativen Nachholbedarf. Selbst der Experte Günter Neubauer musste noch zum Jahreswechsel 2012/2013 konstatieren, auf welch große Widerstände ökonomische Begrifflichkeiten aber auch Spielregeln für jede Form von Wirtschaftsbetrieb innerhalb der Ärzteschaft stoßen. Beispielhaft genannt sei der ungewöhnliche argumentative Umgang mit Zielvereinbarungen für leitende Krankenhausärzte: die Ziele waren von den Ärzten vorgeschlagen und von den Krankenhausleitungen akzeptiert worden. Über Nacht wurden daraus unethische und nicht akzeptable Anreizsysteme, die zu Lasten der Patienten gehen würden.

Zwischenfazit:

Es gibt keine Alternative zur Fortsetzung des Weges eines grundgesicherten Systems der gesundheitlichen Versorgung und darüber hinaus der Professionalisierung und Ökonomisierung in den Leitungsstrukturen von Gesundheitseinrichtungen.

Nicht wenige Krankenhausunternehmen, auch die Berufsgenossenschaftlichen Kliniken, setzen mehr als eine Milliarde Euro pro Jahr um, die große Zahl der Beschäftigten in derartigen Unternehmen wie auch des Gastgebers der Veranstaltung, Vivantes, haben es verdient, wie ein erfolgreiches Unternehmen außerhalb des Gesundheitssystems geführt zu werden, die Beschäftigten wünschen sich zukunftssichere Arbeitsplätze, moderne Anreizsysteme und Einkommensverhältnisse, die dem häufig körperlich und seelisch anstrengenden Einsatz am Krankenbett, im Operationssaal und im Labor gerecht werden.

GKV morgen?

Die Anfangsbeschlüsse der amtierenden Bundesregierung aus den Jahren 2009 und 2010 sowie die ungewöhnlich stabile wirtschaftliche Situation der Bundesrepublik Deutschland mit Vollbeschäftigung lassen die Kassenlage der Gesetzlichen Krankenversicherungen sehr gut dastehen.

Spätestens seit den Beratungen der Kommissionen um Bert Rürup mit Roland Berger und Roman Herzog mit McKinsey ist klar, dass die immer anspruchsvollere, von medizinischem Fortschritt und Demografie geprägte gesundheitliche Versorgung der deutschen Bevölkerung ohne durchgreifende Maßnahmen nicht finanziert werden kann.

Daraus resultierten nicht zuletzt die Forderungen nach Einführung einer Bürgerversicherung oder nach dem Aufbau eines Kapitalstocks und des Erhebens einer Kopfpauschale.

In diese Diskussion war die Private Kranken-Vollversicherung nur unzureichend einbezogen: das eine politische Lager hielt das Festhalten an dem Zwei-Säulen-System für selbstverständlich und forderte nur moderate Verbesserungen innerhalb des PKV-Systems, für das andere politische Lager war die PKV aus weltanschaulichen und wirtschaftlichen Gründen ein Dorn im Auge, ein System der Privilegierten. Hinzu kamen die Altersrückstellungen in der Größenordnung von 170 bis 180 Milliarden Euro, die zur Quersubventionierung anderer sozialer Sicherungssysteme gut hätten genutzt werden können.

An die aktive Behinderung des Zugangs zum privaten Krankenversicherungsvollsystem in der Endphase der Amtszeit von Frau Bundesministerin Ulla Schmidt sei erinnert.

Die PKV hat sich reformiert, Basistarife eingeführt, differenzierte attraktive Angebote an junge Leute gemacht, die häufig kritisierten hohen Provisionen limitiert, verfeinerte Compliance-Richtlinien eingeführt, so dass mit GKV und PKV heute zwei hervorragende Systeme genutzt werden können; die Bürgerinnen und Bürger profitieren von dem Wettbewerb der beiden Systeme.

Bürgerversicherung neu

SPD und Bündnis 90, die Grünen haben in ihre Wahlprogramme die Forderung nach Einführung einer Bürgerversicherung aufgenommen. Dabei sind die Inhalte des Konstruktes Bürgerversicherung weitgehend unklar, was auch für die verfassungsrechtliche Bewertung der Einführung einer Bürgerversicherung zu Lasten der Privaten Krankenvollversicherung gelten würde.

Der Systemexperte Claus Dieter Gorr forderte in einem Interview mit dem Manager Magazin im März 2013 eine grundlegende Reform des ganzen Gesundheitssystems. Basis dabei wären die Gütekriterien des Sachverständigenrates zur Begutachtung des Gesundheitswesens aus dem Jahre 2007.

Dennoch muss angesichts der bevorstehenden Bundestagswahl die Bürgerversicherung unter verschiedenen Facetten beleuchtet werden:

- Bürgerversicherung könnte die Aufgabe des bewährten Zwei-Säulen-Modells aus privater und gesetzlicher Krankenversicherung bedeuten, dessen Vorteile klar auf der Hand liegen:

  Die deutsche Bevölkerung nimmt heute am medizinischen Fortschritt teil, übergroße Wartezeiten auf diagnostische oder therapeutische Verrichtungen in international bekanntem Umfang gibt es in Deutschland nicht, der Bürger hat freie Arztwahl. Alle Umfragen belegen die große Zufriedenheit der deutschen Bevölkerung mit dem derzeitigen System der Krankenversicherung, die Reaktion auf den im Ausland eingetretenen Krankheitsfall, nämlich die unverzügliche Rückkehr in das Heimatland, bestätigt dies eindrucksvoll.

- Niedergelassene Ärzte können ihre Praxen regelhaft nur wirtschaftlich betreiben, wenn sie über Einnahmen aus der Behandlung von privatversicherten Patienten verfügen. Von der „Quersubventionierung" profitieren auch die GKV-Versicherten.

  Das von mir sehr geschätzte DRG-System im Krankenhaus deckt die laufenden Kosten für Diagnostik und Therapie unter stationären Bedingungen ab, lässt aber keinen Spielraum für Rückstellungen, Ersatzbeschaffungen und Investitionen. Da die duale Krankenhausfinanzierung in Deutschland nur unzureichend funktioniert, das monistische Finanzierungssystem nicht mehrheitsfähig ist, sind die Krankenhäuser auf Einnahmen aus Wahlleistungen angewiesen.

- In der Wissenschaft wird zunehmend auf die Individualisierung der Medizin gesetzt, verfeinerte genetische und nicht-genetische Diagnostik führt zu niemals geahnten Erkenntnissen, das Individuum hat den Anspruch, im Krankheits- oder Verletzungsfall als Einzelperson wahrgenommen zu werden.

Die Einheitsversicherung mit Leistungen aus einem großen Topf und Aufgabe von Privilegien auf Patienten- wie auf der Leistungserbringerseite steht dem vollständig entgegen.

Erschreckend ist auch die Nichtbeachtung früherer deutscher Einheitssysteme, die vollständig versagt haben.

<u>Folge</u>

Die Abhängigkeit der gesundheitlichen Versorgung von der jeweiligen Kassenlage bei Etablierung einer Bürgerversicherung ist absehbar. Selbst Spitzenrepräsentanten der GKV befürchten Einschränkungen des Leistungskataloges durch die Politik nach Haushaltslage, was durch den heute steten Vergleich mit den Leistungsangeboten der PKV nicht riskiert werden kann.

Gesundheitswirtschaft und duale Krankenversicherung

Es ist ein Trugschluss, dass die Gesundheitswirtschaft ohne die Basis des Krankenversicherungssystems auskommen würde. In die Zahl der etwa fünf Millionen mittelbar und unmittelbar im Gesundheitswesen beschäftigten Personen sind alle eingerechnet, die mit Krankenversicherung zu tun haben. GKV und PKV garantieren die wesentlichen Leistungen im System, Krankenhäuser und Arztpraxen, die nichtärztlichen Gesundheitsberufe im angestellten oder im freiberuflichen Bereich, die Apotheken, Pharmahersteller und Erzeuger sowie Händler von Medizintechnikprodukten profitieren von diesem stabilen und international geschätzten System.

Dass verbesserte Angebote der Prävention, dringend benötigte Anreizsysteme der betrieblichen Gesundheitsvorsorge, der Appell an Eigenverantwortung über den Leistungskatalog hinaus das System stabilisieren und die Gesundheitswirtschaft insgesamt stärken können, sei nicht bestritten.

Ein stabiles Krankenversicherungssystem und Gesundheitswirtschaft bedingen einander, haben aber bei kontinuierlicher Verbesserung der Angebote eine Zukunftschance, Vereinheitlichkeitsüberlegungen kontra Individualität bewirken das Gegenteil.

Qualitätssicherung im Krankenhaus

Uwe Deh

1. 10 Jahre QSR-Verfahren der AOK

Qualitätsmessung ist kein Wettbewerbsfeld - so der der Sachverständigenrat im Gesundheitswesen: „Ein Wettbewerb der Qualitätsmesssysteme ist nicht zu empfehlen, da Qualitätsinformationen eine Infrastruktur im Sinne eines Kollektivguts darstellen, die sich ohne zentrale Steuerung nicht optimal entwickeln wird." (SVR 2012) Ordnungspolitisch gesehen gibt es an dieser These wenig auszusetzen. Wieso sollten Versicherte verschiedener Krankenkassen auf Basis unterschiedlicher Parameter - vielleicht auch noch von unterschiedlicher Güte - über die Qualität von Kliniken informiert werden?

Vor gut 10 Jahren hat sich die AOK dennoch anders entschieden, vor allem weil der Forschungs- und Entwicklungsbedarf immens groß war. Angesichts des Wissensvorsprungs, den das Wissenschaftliche Institut der AOK (WIdO) heute bei der Messung von Ergebnisqualität im stationären Sektor erzielt hat, muss man konstatieren, dass sich wissenschaftliche Erkenntnisse offenbar wettbewerblich und im kontinuierlichen Diskurs mit den Akteuren besser entwickeln als zentral gesteuert. Um Fortschritte bei der Qualitätsmessung und –bewertung erzielen zu können, hat sich die Notwendigkeit gezeigt, dass man sich immer wieder der wissenschaftlichen Auseinandersetzung stellt, dass die Qualitätsmessung aktuellen wissenschaftlichen Standards entspricht und man die Instrumente kontinuierlich - auch im Praxistest - weiterentwickelt.

2. Funktionsweise der Qualitätssicherung mit Routinedaten (QSR)

Was vor 10 Jahren als Forschungsprojekt des AOK-Bundesverbandes, der HELIOS Kliniken, des Wissenschaftlichen Instituts der AOK (WIdO) und des Forschungs- und Entwicklungsinstituts für das Sozial- und Gesundheitswesen Sachsen-Anhalt (FEISA) begonnen hat, ist mittlerweile ein etabliertes und anerkanntes Verfahren, das auf immer mehr Indikationen ausgeweitet wird.

Grundlage der Qualitätsmessung im QSR-Verfahren sind anonymisierte Routinedaten der AOK. Dazu gehören Angaben über Erkrankungen und Eingriffe,

Liegezeiten, Verlegungen und abgerechnete Krankenhausentgelte stationärer Behandlungen. Die Daten werden fallübergreifend und in Verbindung mit weiteren administrativen Versichertendaten der Krankenkasse - wie etwa dem Alter und Geschlecht der Patienten, dem Versichertenstatus und dem Überlebensstatus - analysiert. Dabei werden alle Daten so anonymisiert, dass verschiedene Behandlungsereignisse einem Patienten zugeordnet werden können, ohne dass die Identität des Patienten bekannt oder ermittelbar ist.

Der zentrale Vorteil von QSR gegenüber traditionellen Qualitätssicherungsverfahren besteht darin, dass auch Ereignisse in die Qualitätsmessung einfließen, die im Therapieverlauf nach dem zu bewertenden Krankenhausaufenthalt auftreten. Erstmals wird routinemäßig eine Langzeitbeobachtung möglich.

Im QSR-Verfahren wird nicht das gesamte Leistungsspektrum einer Klinik beurteilt, vielmehr werden bestimmte Leistungsbereiche definiert und innerhalb dieser Leistungsbereiche Indikatoren für die Ergebnisqualität analysiert.

Die gewählte Längsschnittperspektive erlaubt es, auch Ergebnisindikatoren außerhalb des eigentlichen Klinikaufenthaltes wie die Sterblichkeit nach 30 Tagen, 90 Tagen und einem Jahr sowie komplikationsbedingte Wiederaufnahmen zu analysieren.

Das WIdO hat jüngst die Leistungserbringung bei Koronarangiographien untersucht, wobei gleichermaßen bei der Messung der Ergebnisqualität als auch bei der Untersuchung der regionalen Verteilung der Fälle bemerkenswerte Ergebnisse zu verzeichnen sind.

Von besonderem Interesse sind Koronarangiographien schon allein deshalb, da sie in Deutschland sehr viel häufiger durchgeführt werden als in unseren Nachbarländern Österreich oder der Schweiz. Dies zeigt der Bruckenberger-Herzbericht schon seit Jahren. So sind in Deutschland allein im Jahr 2010 mehr als 880.000 Koronarangiographien durchgeführt worden, Tendenz steigend. Damit ist die deutsche Bevölkerung einer Eingriffshäufigkeit ausgesetzt, die 70 % höher ist als in Österreich und mit 98 % doppelt so hoch ausfällt, wie in der, ihre Bevölkerung gut versorgenden, Schweiz

Tabelle 1: Entwicklung der Linksherzkatheder-Untersuchungen pro 1 Mio. Einwohner von 1990 bis 2009 im 3-Länder-Vergleich

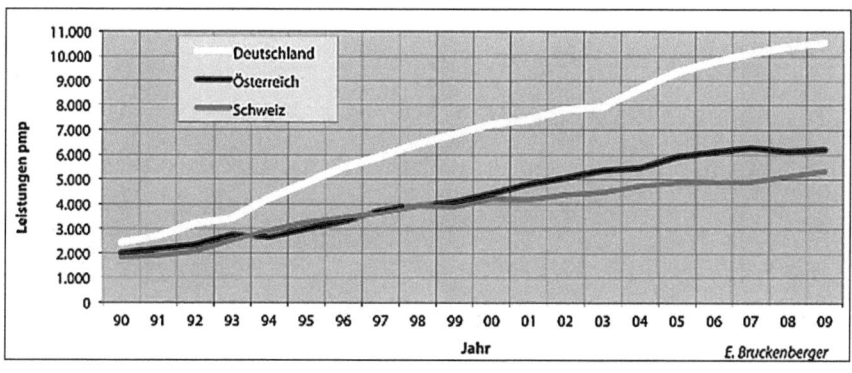

Quelle: E. Bruckenberger, eigne Darstellung

Die wenig plausiblen Eingriffshäufigkeiten in Deutschland ergeben bei Betrachtung auf regionaler Ebene ein noch beunruhigenderes Bild. Das WIdO hat die Häufigkeit der Koronarangiographien nach Postleitzahlenbereichen ausgewertet. Dabei wurde der Einfluss der Alters- und Geschlechtsstruktur in den Regionen berücksichtigt. Das Ergebnis: Bei der Untersuchung der bundesweiten Verteilung hat das WIdO festgestellt, dass es Regionen mit weniger als 25 Fällen je 10.000 Versicherte gibt und Regionen mit über 250 Fällen. Im Bezirk mit der höchsten Rate findet die Katheteruntersuchung 10-mal häufiger statt als im Bezirk mit der niedrigsten Rate.

Neben der regionalen Verteilung der Fälle wurde auch die Ergebnisqualität bei Koronarangiographien ermittelt. Fasst man alle Qualitätsindikatoren zusammen, findet sich in 9,6 Prozent aller Fälle mindestens eine Komplikation oder qualitätsrelevantes Ereignis. Vergleicht man nun die in die Analyse einbezogenen 614 leistungserbringenden Krankenhäuser hinsichtlich des Eintretens einer Komplikation oder eines unerwünschten Ereignisses, zeigen 74 Häuser eine Rate bis zu 5 Prozent, während 37 Häuser eine Rate von mehr als 15 Prozent aufweisen.

Tabelle 2: Koronarangiographien (diagnostische Herzkatheter) 2011 je 10.000 Personen nach Postleizahlbereichen[*]

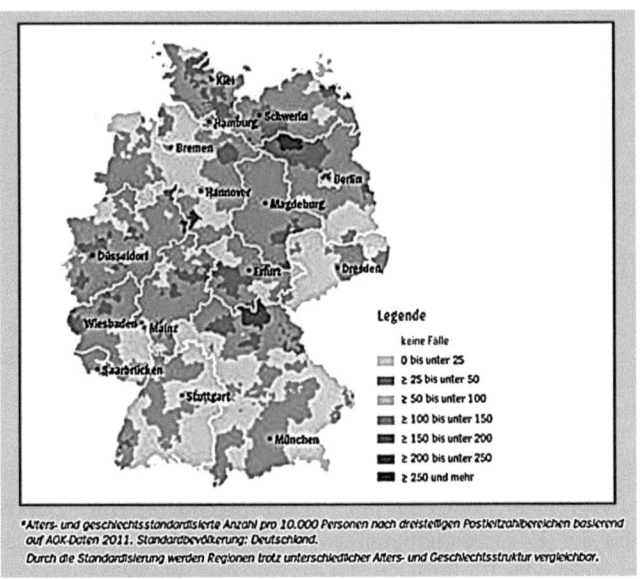

Quelle: WIdO 2012

Derart große Unterschiede zwischen Krankenhäusern haben auch Bestand, wenn man eine Risikoadjustierung durchführt, d. h. berücksichtigt, dass die Krankenhäuser unterschiedliche Patienten mit unterschiedlichen Risiken haben. Im Ergebnis zeigt sich, dass 10 Prozent der Häuser die für sie zu erwartende Ereigniszahl um mindestens 49 Prozent unterschreiten, während aber auch 10 Prozent der Häuser am anderen Ende der Skala eine Überschreitung um mindestens 41 Prozent zeigen. Auf der Ebene der Einzelindikatoren, wie z. B. der Sterblichkeit, zeigen sich gleichfalls große Unterschiede.

Aus der Perspektive der Patienten ist diese Situation äußerst unbefriedigend: Ob eine Koronarangiographie durchgeführt wird und ob man dann in einem Krankenhaus mit hoher Qualität behandelt wird, hängt zu einem guten Teil von Wohnort und Zufall ab. Auch aus der Perspektive der Beitragszahler ist der Zustand kaum akzeptabel: Unabhängig von der Qualität muss jede Leistung bezahlt werden. Krankenkassen haben keine Möglichkeit schlechte Kliniken auch schlechter zu bezahlen oder besonders schlechte Qualität auszusortieren.

Tabelle 3: Qualität bei Koronarangiographien: 9,6 % Komplikationen und unerwünschte Ereignisse

Komplikationsindex: 9,6 %*   *Mehrfachereignisse möglich (führt zu abweichendem Gesamtwert)*

	1,0 %	**Todesfälle** innerhalb von 30 Tagen nach Aufnahme
	3,5 %	**Komplikationen** im Krankenhausaufenthalt, zum Teil innerhalb 30 Tage (Gefäßverschlüsse, Blutungen, Lungenembolien, Nierenversagen u. a.)
	2,6 %	Unerwünschte Ereignisse: **Bypass-OP innerhalb 31 bis 365 Tagen nach Entlassung**
	1,5 %	**Ballonkatheter (PCI) innerhalb von 90 Tagen nach Entlassung**
	2,0 %	**Erneute Koronarangiographie im gleichen Haus innerhalb von 365 Tagen**

Darstellung: Komplikationen und unerwünschte Ereignisse nach Koronarangiographien bei AOK-Versicherten
Datenbasis: 330.687 AOK-Versicherte Patienten aus 614 Kliniken (2007 bis 2009)
Quelle: Krankenhaus-Report 2013

Quelle: Krankenhaus-Report 2013

Tabelle 4: Komplikationen und unerwünschte Ereignisse bei Koronarangiographien[*]

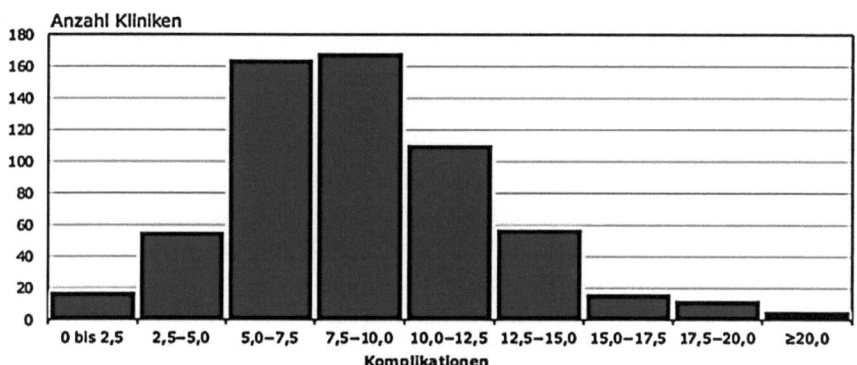

* Die Datenbasis bilden die AOK-Fälle der Jahre 2007 bis 2009 inklusive Folgeereignisse 2010.
Verglichen werden 614 Krankenhäuser mit mindestens 30 AOK-Fällen in diesem Zeitraum.
Der Komplikationsindex enthält Komplikationen und unerwünschte Ereignisse gemäß vorhergehender Folie.
Quelle: Krankenhaus-Report 2013

Quelle: Krankenhaus-Report 2013

Tabelle 5: Komplikationen und unerwünschte Ereignisse bei Koronarangiographien (risikoadjustiert)[*]

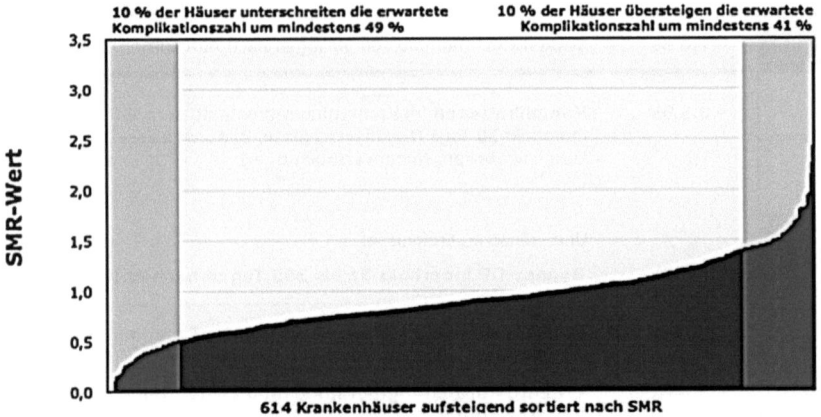

*Die Datenbasis bilden die AOK-Fälle der Jahre 2007 bis 2009 inkl. Folgeereignissen 2010. Verglichen werden 614 Krankenhäuser mit mindestens 30 AOK-Fällen in diesem Zeitraum. Risikoadjustiert bedeutet, dass beim Vergleich berücksichtigt ist, wie viele Ereignisse aufgrund der Patientenstruktur eines Hauses (Alter, Geschlecht, Erkrankungen) zu erwarten gewesen wären. Der SMR-Wert gibt den Quotienten von beobachteten zu erwarteten Ereignissen an. 1,0 bedeutet, dass die erwartete Anzahl exakt eingetreten ist, 1,5 signalisiert eine Überschreitung um 50 %.

Quelle: Krankenhaus-Report 2013

3. Einsatz und Wirkung der QSR-Ergebnisse

Je weiter das QSR-Verfahren entwickelt wird, desto dringender stellt sich der AOK die Frage, wie man verantwortungsbewusst mit diesen Daten umgeht. In einem ersten Schritt wurden die QSR-Ergebnisse ausschließlich interessierten Kliniken für die interne Qualitätssicherung zur Verfügung gestellt. Zugegebenermaßen ist der Einfluss dieser Informationen aus das Klinikgeschehen nur von begrenzter Wirkung, da der finanzielle Erfolg von Kliniken eben nicht von diesen Qualitätskriterien abhängt. Im Jahr 2010 hat sich die AOK entschlossen einen Schritt weiter zu gehen und Patienten und Öffentlichkeit bei bestimmten planbaren Operationen über die Ergebnisqualität von Kliniken zu informieren. Hauptinstrument ist der AOK-Krankenhausnavigator, der kontinuierlich ausgebaut und erweitert wird. Im vergangenen Jahr hat das Institut für angewandte Qualitätsförderung und Forschung im Gesundheitswesen (AQUA) dem Gemeinsamen Bundesausschuss sogar empfohlen, unsere QSR-Indikatoren bei der Hüftprothesenversorgung und im Wesentlichen auch bei der Knieprothesenversorgung zum Bestandteil der externen sektorenübergreifenden Qualitätssicherung zu machen. Diese Indikatoren werden bereits heute für die öffentliche Berichterstattung im AOK-Krankenhausnavigator verwendet. Die Information auf Basis wissenschaftlich fundierter Ergebnisse kann aber nur der erste Schritt sein. In einem zweiten Schritt sollte die Qualität auch die Basis für die Entscheidung bei der Wahl einer Klinik werden. Dabei spielt der einweisende Arzt eine entscheidende Rolle. Aus diesem Grund haben die AOK Nordost und die AOK Hessen in diesem Jahr eine Information für einweisende Ärzte entwickelt. Sie soll die Grundlage für die Auswahl guter Krankenhäuser darstellen. Die AOK Rheinland-Hamburg will im kommenden Jahr sogar noch einen Schritt weiter gehen. Die Arzt-information wird um eine Patientenberatung ergänzt. Die Versicherten werden bei einer geplanten Hüftendprothesen-Operation zu Kliniken beraten, die eine besonders gute Qualität bieten. Ziel ist es dabei, die Versorgungsqualität der AOK-Versicherten zu erhöhen. Erklärtes Ziel ist es auch, den Qualitätswettbewerb zwischen den Krankenhäusern zu intensivieren. Es mag kaum überraschen, das QSR-Verfahren wird gerade im Spannungsfeld zwischen regionalen Akteuren und allgemeingültigen wissenschaftlichen Standards vor besondere Herausforderungen gestellt.

Die AOK wird sich dafür einsetzen, dass die Rahmenbedingungen weiter verändern. Angesichts der steigenden Transparenz hinsichtlich der Qualitätsunterschiede zwischen den Kliniken in Kombination mit der ökonomisch motivierten Mengenentwicklung im stationären Sektor steigt der Handlungsdruck. Um von einer der Mengenorientierung zur Qualitätsorientierung gelangen zu können, benötigt das DRG-System eine Flankierung durch Qualitätskriterien bei Krankenhausplanung und -finanzierung.

Versorgungsmodelle an der Schnittstelle zwischen ambulantem und stationärem Sektor

Stefan G. Spitzer

1.

Vor allem im Schnittstellenbereich von ambulant und stationär sollte die Integrierte Versorgung als Versorgungsprinzip der Selektiv- und Regelversorgung umfassend durchgesetzt werden.

Der Begriff Integrierte Versorgung wird derzeit noch zu einseitig nur als Rechtsform der Selektivversorgung verstanden. Es ist weitgehend bekannt, dass gemäß § 140a Abs. 1 SGB V Krankenkassen „Verträge über eine verschiedene Leistungssektoren übergreifende Versorgung der Versicherten oder eine interdisziplinär-fachübergreifende Versorgung mit den in § 140b Abs. 1 SGB V genannten Vertragspartnern abschließen" können.

Integrierte Versorgung ist aber nicht nur der Selektivversorgung und in diesem Zusammenhang auch bei weitem nicht nur der Versorgungsform gemäß §§ 140a ff. SGB V vorbehalten. Integrierte Versorgung stellt darüber hinausgehend auch ein Versorgungsprinzip für das gesamte Gesundheitswesen dar. Die ständige Verbesserung der sektorenübergreifenden und interdisziplinär-fachübergreifenden Kooperation der Leistungserbringer mit dem Ziel einer optimierten medizinischen Versorgung und Pflege ist unverzichtbar für die Bewältigung der Herausforderungen, denen sich unsere Gesellschaft auf dem Gebiet des Gesundheitswesens in den nächsten Jahrzehnten zu stellen hat.

Deshalb ist das Prinzip der Integrierten Versorgung auch durch Einbeziehung nicht medizinischer Leistungserbringer zu verwirklichen, wenn dadurch die Effizienz und Effektivität der Versorgung verbessert und der medizinische Standard qualitätsgesichert gewährleistet wird. Integrierte Versorgung ist damit auf Trägerseite nicht nur eine Angelegenheit der gesetzlichen Krankenkassen, sondern aller Leistungs- und Kostenträger auf dem Gebiet der medizinischen Versorgung und Pflege.

Mit einer gewissen Ernüchterung musste man konstatieren, dass das weitgehend am 01.01.2012 in Kraft getretene Gesetz zur Verbesserung der Versorgungsstrukturen in der gesetzlichen Krankenversicherung (GKV-VStG) die Integrierte Versorgung weder inhaltlich als Versorgungsform der Selektivversorgung noch systematisch als Versorgungsprinzip der Regel- und Selektivversorgung weiter entwickelt hat. Unter dem Strich konnte deshalb das GKV-VStG den an diese Gesetzesinitiative gerade diesbezüglich gestellten hohen Erwartungen nicht gerecht werden. Gerade den regionalen Versorgungsmodellen im Schnittstellenbereich von ambulant und stationär vermochte das Gesetz keine Impulse zu verleihen, auch nicht mit der (zu) vorsichtigen Ausgestaltung des so genannten neuen Versorgungsbereiches „ambulante spezialfachärztliche Versorgung", mit dem der Gesetzgeber mutigere, entschlossenere Zeichen mit einer größeren Versorgungsrelevanz hätte setzen können und müssen.

2.

Die Erkenntnisse und Empfehlungen des Sondergutachtens 2012 „Wettbewerb an der Schnittstelle zwischen ambulanter und stationärer Gesundheitsversorgung" des Sachverständigenrates der Bundesregierung zur Begutachtung der Entwicklung im Gesundheitswesen sollten als Grundlage für weitere Reformen zur Verbesserung der Versorgungsstrukturen dienen.

Erst Mitte des Jahres 2012 wurde vom Sachverständigenrat zur Begutachtung der Entwicklungen im Gesundheitswesen in einem Sondergutachten eine wissenschaftlich fundierte Standortbestimmung zur derzeitigen Situation im Schnittstellenbereich zwischen den beiden Hauptversorgungssektoren vorgenommen. Der Rat unterbreitete zur Weiterentwicklung der innovativen Versorgungsformen konkrete Vorschläge und begründete dies mit Feststellungen über bestehende Effizienz- und Effektivitätsreserven bei diesen Versorgungsformen. Die Ausführungen machen deutlich, dass diesbezüglich auf Seiten der Bundesregierung ein Umdenken erforderlich ist. Auch wenn nicht alle Empfehlungen des Rates Königswege beschreiben (können), stellt doch dieses Dokument die derzeit beste Grundlage zur Auseinandersetzung mit den bestehenden Problemen im Schnittstellenbereich von ambulant und stationär dar.

Es ist bedauerlich, dass das Sondergutachten 2012 des Sachverständigenrates für eine Umsetzung im GKV-VStG (auch Versorgungsstrukturgesetz genannt) zu spät kam. 2013 stehen wir im Jahr der Bundestagswahlen. Die Umsetzung der Erkenntnisse und Empfehlungen des Rates muss deshalb kommenden Reformen, mit denen wohl erst ab 2014 gerechnet werden kann, vorbehalten bleiben.

Für die Integrierte Versorgung sind das keine guten Signale. Umso mehr muss es beeindrucken, dass die Integrierte Versorgung als Selektivversorgungsform eine zwar (zu) langsame, aber doch stetige Entwicklung nachgewiesen hat. Das gilt sowohl für die Anzahl der von den Krankenkassen ausgewiesenen Projekte (der Sachverständigenrat hat in seinem Sondergutachten 2012 auch die Ergebnisse seiner im Vorfeld erfolgten umfangreichen Befragung von Krankenkassen und Krankenhäusern veröffentlicht) als auch für das Interesse und die Erwartungen der Krankenkassen an die Versorgungsform. Die Deutsche Gesellschaft für Integrierte Versorgung im Gesundheitswesen e.V. (DGIV) hat 2012 in der zweiten Erhebungsrunde des Krankenkassenbefragungsprojektes „Monitoring I. V." im Ergebnis einer Auswertung durch die Freie Universität Berlin auch diesbezüglich bemerkenswerte Erkenntnisse zusammenstellen können, die insgesamt hoffnungsvoll stimmen.

Derzeit haben wir somit in Deutschland auf dem Gebiet der Integrierten Versorgung eine eher ambivalente Situation: Einerseits setzt unverändert die überwiegende Zahl der Krankenkassen auf diese Selektivversorgungsform und haben Krankenhäuser und Vertragsärzte als die derzeit (noch) Hauptvertreter von „stationär" und „ambulant" immer effizientere Formen der Kooperation auf dem Gebiet der stationären und ambulanten Leistungserbringung (vornehmlich bei der Versorgung von Krankenhauspatienten) hervorgebracht, andererseits wird die Durchsetzung „integrierender Versorgungsformen" - einschließlich ihrer Förderung - von Seiten des Gesetzgebers ziemlich vernachlässigt. Die Gründe dafür mögen vielschichtig sein, auch das ändert aber an dieser nüchternen Erkenntnis nichts.

3.

Die wettbewerbliche Ausrichtung des Gesundheitswesens wurde bisher nicht ausreichend durch spezifische Rahmenbedingungen untersetzt.

„Freier Wettbewerb" nach bisherigem Verständnis ist im Gesundheitswesen nicht möglich, da hier andere Marktbedingungen vorherrschen. Wettbewerb im Gesundheitswesen ist deshalb immer „Wettbewerb der besonderen Art". Das gilt für den Wettbewerb der Leistungsträger und den der Leistungserbringer gleichermaßen. Auch dieser Wettbewerb muss zu einer Verbesserung der Versorgung im gesellschaftlichen Interesse führen und darf nicht vorrangig gruppenspezifische Interessen befriedigen.

Der Nachweis, dass die wettbewerbliche Ausrichtung des Gesundheitswesens ein richtiger Weg zur Verbesserung der Effizienz und Effektivität der Versorgung ist, wurde bisher noch nicht erbracht. Das liegt auch an den ungleichen Rahmenbedingungen der Versorgung in den Hauptsektoren ambulant und stationär. Die Überwindung der sektoralen Trennung in der medizinischen und pflegerischen Versorgung kann nur durch eine Angleichung der Leistungsbedingungen in den Schnittstellenbereichen der Versorgung erreicht werden. Dem muss in Zukunft konsequenter Rechnung getragen werden.

In seinem Sondergutachten 2012 stellt der Sachverständigenrat Gesundheit eine (zu) eingeschränkte Vertragsfreiheit der Parteien unter anderem auf dem Gebiet der integrierenden Versorgungsformen fest. Insbesondere auch die Bindung an die Beitragssatzstabilität engt die Vertragsfreiheit der Handelnden in diesen Bereichen weiter ein und macht es nahezu unmöglich, innovative Projekte zu initiieren. Es ist machbar und sinnvoll, die Möglichkeiten der Krankenkassen im Vertragswettbewerb weiter zu vergrößern, da die Instrumente der Selektivversorgung ansonsten wohl nicht wie erhofft angenommen und verwirklicht werden.

In diesem Zusammenhang stellt der Sachverständigenrat ein „Misstrauen in die Vertragsfreiheit sowie in die Effizienz- und Effektivitätsverbesserungen, die sich durch selektive Verträge und den mit ihnen einher gehenden Wettbewerb erreichen lassen", fest. Das ist aber nur die eine Seite der Medaille. Auf der anderen Seite, trifft das „Misstrauen in die Vertragsfreiheit" auch auf eine „Skepsis gegenüber der Vertragsfreiheit". Einerseits bieten die derzeitigen Rahmenbedingungen noch nicht ausreichende Möglichkeiten, sich durch Selektivverträge von den Kollektivverträgen positiv abzusetzen, andererseits werden die bereits vorhandenen Möglichkeiten zur Vertragsgestaltung noch nicht wie erhofft ausgeschöpft. Verbesserte Vertragsfreiheit und geringere staatliche Regulierung in der

Selektivversorgung müssen dann auch auf mehr Vertrags- und Versorgungsbereitschaft bei den Krankenkassen und Leistungsträgern treffen. Das gilt bereits für die derzeit überwiegend anzutreffende indikationsbezogene, noch mehr aber für die angestrebte populationsbezogene Integrierte Versorgung.

Auch im Gesundheitswesen sollte der Wettbewerb maßgeblich über den Leistungsvergleich geführt werden. Die Krankenkassen benötigen dafür mehr vertragliche Freiheiten, als es die Bestimmungen des Sozialgesetzbuchs V über die Selektivversorgung derzeit ermöglichen. In den rechtlichen Rahmenbedingungen des Kassenwettbewerbes sollte darüber hinaus dem Umstand Rechnung getragen werden, dass Krankenkassen keine Unternehmen im Sinne des bisherigen deutschen Wettbewerbsrechtes sind. Der Gesetzgeber sollte hier ein wettbewerbsrechtliches Reglement für Krankenkassen installieren, das der besonderen sozialrechtlichen Funktion der Krankenkassen entspricht und dennoch im erforderlichen Maße geeignet ist, Wettbewerbsverstößen zu begegnen.

Dem spezifischen sozialrechtlichen Charakter der medizinischen Versorgung und Pflege sollte stärker beim Abbau vergaberechtlicher Beschränkungen für die Selektivversorgung entsprochen werden. Wie bei der Auswahl ihrer medizinischen Vertragspartner auch müssen Krankenkassen in die Lage versetzt werden, Industriepartner in die Verträge einzuschließen, ohne das ansonsten übliche vergaberechtliche Auswahlverfahren durchführen und das hieraus hervorgehende Unternehmen als Partner für sich und die beteiligten Leistungserbringer akzeptieren zu müssen. Auch diesbezüglich benötigen die Partner innovativer Projekte mehr Freiheiten im Kontrahieren, die ohne weiteres durch den besonderen sozialen Status dieser Verträge gerechtfertigt sind.

Der Leistungsvergleich auf Leistungserbringerseite kann nur auf der Grundlage der Erhebung einheitlich klassifizierter, transparenter Grunddaten und deren unabhängiger, wissenschaftlich gesicherter Auswertung erfolgen. Dafür müssen die entsprechenden Voraussetzungen geschaffen werden. Datentransparenz allein genügt nicht; benötigt wird auch deren öffentliche wissenschaftliche Auswertung nach einheitlichen Vorgaben, auch über Sektorengrenzen hinweg. Insbesondere die Versorgungsqualität der Leistungserbringer in den Regionen wird bisher in der öffentlichen Wahrnehmung eher „gefühlt" als anhand objektiver Kriterien ausgewertet. Eine Versachlichung und Objektivierung in der Beurteilung der Leistungserbringung kann zu einem fairen Wettbewerb und zu einer

Förderpolitik führen, die deutlich besser als bisher der Versorgungswirklichkeit entspricht.

Ohne eine verpflichtende Evaluation der medizinischen Versorgung und Pflege nach einheitlichen Vorgaben – sowohl im kollektiv- als auch im selektivvertraglichen Bereich – können nicht diese notwendigen Fortschritte erreicht werden. Wer sich diesem Thema unter Hinweis auf fehlende finanzielle Mittel verschließt, denkt zu kurz. Auch hier gilt, dass durchgreifende, umfassende Effizienzsteigerungen mitunter zunächst erhebliche Investitionen erfordern.

4.

Die Wettbewerbsbedingungen im Schnittstellenbereich von ambulant und stationär müssen kritisch hinterfragt werden.

Im Folgenden soll sich mit wesentlichen Feststellungen des Sachverständigenrates Gesundheit zu den Wettbewerbsbedingungen an den Schnittstellen von ambulant und stationär auseinandergesetzt werden.

Der Rat hat „Effizienzverluste durch bislang ungenutzte Substitutions- bzw. Verlagerungspotenziale zwischen stationärer und ambulanter Leistungserbringung" aufgezeigt. Das kann man nur unterstreichen. Auch hier muss das bestehende Versorgungssystem deutlich flexibler werden. Möglichkeiten zur Effizienzsteigerung dürfen nicht an strukturellen Hemmnissen scheitern. Derzeit besteht der Eindruck, dass seitens des Gesetzgebers der Zugang der stationären Leistungserbringer zum ambulanten Sektor stärker unterstützt wird als umgekehrt. Dies nur mit dem Versorgungsprinzip „ambulant vor stationär", einem Ausfluss des Wirtschaftlichkeitsgebotes, zu erklären, wäre wohl nicht ausreichend. Schließlich bedeutet die Entwicklung in dieser Richtung derzeit noch nicht etwa die konsequente Durchsetzung stationsersetzender Maßnahmen, sondern vielmehr überwiegend eine Ausweitung des Leistungsspektrums stationärer Leistungserbringer.

Auch bei der Verlagerung in die andere Richtung vermisst man eine konsequente Positionierung des Gesetzgebers. In der belegärztlichen Versorgung kann man mit Fug und Recht von einer Krise sprechen, aber hier bieten die Klarstellungen des Gesetzgebers bezüglich der Tätigkeit von „freien Kooperationsärzten" bei der Behandlung stationärer Krankenhauspatienten eine gewisse Entlastung für die derzeit ganz überwiegend durch unattraktive Vergütungsbestimmungen gekennzeichnete belegärztliche Tätigkeit.

Gar nicht vorangegangen ist es bei der Förderung der Praxiskliniken. § 122 SGB V wird trotz einer entsprechenden gesetzgeberischen Vorgabe bisher nicht mit Leben erfüllt. Das mag mannigfaltige Gründe haben, verhindert aber eine weitere Entwicklung dieser innovativen kurzstationären Versorgungsform.

Dem Rat ist deshalb in seiner Feststellung zuzustimmen, dass es eines „sektorenübergreifenden einheitlichen Ordnungsrahmens" bedarf, um die Effizienzpotentiale an der Schnittstelle ambulant – stationär heben zu können.

Erfreulich ist, dass sich der Rat für „große integriert tätige Einheiten von Leistungserbringern" ausspricht, die in der Lage sind, die spezifischen personellen, strukturellen und organisatorischen Ressourcen zu bündeln und so das vorhandene Rationalisierungspotential auszuschöpfen. Dieser Vorschlag ist nur folgerichtig, wenn man sich die Entwicklung der letzten Jahre und Monate vor Augen führt. Warum soll auch nicht die sektorenübergreifende Integrierte Versorgung unter einem Dach möglich gemacht werden? Es liegt doch auf der Hand, dass zukünftig die Leistungserbringer die effizienteste Versorgung anbieten werden, die je nach Versorgungsnotwendigkeit sowohl zur ambulanten als auch zur stationären Leistungserbringung in der Lage sind. Und es ist sehr sinnvoll, solche Versorgungsangebote durch moderne Vergütungsformen zu fördern.

Eigentlich ist es eine Binsenweisheit, dennoch ist es bisher noch nicht verwirklicht: Der Wettbewerb an der Sektorengrenze von ambulant und stationär kann sich nur dann entwickeln, wenn den betreffenden Leistungserbringern eine weitgehend gleiche Vergütung auf der Grundlage eines pauschalierten Vergütungssystems zur Verfügung steht. Dass das bis heute noch nicht so ist, wurde bereits vielfach kritisiert. Deshalb kann es nicht verwundern, dass der Sachverständigenrat auch hierauf nochmals aufmerksam machen musste. Im Übrigen geht es nicht nur um das Problem der Vergütungsangleichung, wenn Chancengleichheit im Wettbewerb der Leistungserbringer in diesem Schnittstellenbereich erreicht werden soll, sondern auch um Fragen der Investitionsförderung, der Qualitäts- und Qualifizierungsanforderungen, des Leistungserbringerrechts u. a.

Zur Verbesserung der rechtlichen Rahmenbedingungen der Selektivversorgung hat der Rat einen Vorschlag unterbreitet, für den sich auch die DGIV schon ausgesprochen hat: die Einbeziehung der DMP in die Integrierte Versorgung gem. §§ 140a ff. SGB V. Hier sieht der Rat keine überzeugenden Gründe für die ohnehin problematische rechtliche Sonderstellung der strukturierten Behandlungsprogramme. „Die Einbeziehung dieser DMP in die integrierten Versorgungsformen nach § 140a – d SGB V würde nicht nur zu einer Gleichbehandlung der verschiedenen Indikationsbereiche führen, sondern auch die Chance bieten, bei diesen Programmen dem selektiven Vertragswettbewerb größere Chancen einzuräumen." Diesen Gedanken sollte man weiter verfolgen. Es ist in mehrerer Hinsicht sinnvoll, diese Rechtsformen, die ohnehin beide starke integrative Inhalte ausweisen, zusammenzuführen. Die dadurch entstehenden Synergieeffekte werden sich im Ergebnis der Evaluation der so entstandenen neuen Programme (die diesbezügliche Verpflichtung sollte von den DMP mit übernommen werden) erweisen.

Dass der Rat bezüglich der Integrierten Versorgung die sektorenübergreifende Orientierung als notwendige Bedingung favorisiert, kann man nachvollziehen. Das sollte aber nicht bedeuten, dass man auf die interdisziplinär-fachübergreifende Orientierung verzichtet. Mit der zunehmenden Verwirklichung des Prinzips „ambulant vor stationär" wird auch diese Kooperationsform in der Integrierten Versorgung zunehmen.

Interessant und diskussionswürdig ist der Vorschlag des Rates, die ambulante spezialfachärztliche Versorgung der selektiven Vertragsgestaltung zu unterstellen. Dies „würde zum einen unerwünschten Leistungsausweitungen vorbeugen und zum anderen diesem Bereich insofern Modellcharakter verleihen, als die selektive Vertragsgestaltung dann hier nicht parallel zu Kollektivverträgen, sondern als alleiniger Allokationsmechanismus fungiert". Auch nicht lösen kann dieser Vorschlag allerdings die Frage, worin die Anreize für Krankenhäuser zum freien Kontrahieren im selektivvertraglichen Wettbewerb bei stationsersetzenden Maßnahmen bestehen. Eng verbunden mit dieser Fragestellung ist auch der Vorschlag des Rates, die Honorierungssystematik von stationären Kurzzeitfällen und vergleichbaren ambulanten Behandlungen anzugleichen, um einen Anreiz zur Auslastung und zum Erhalt stationärer Überkapazitäten zu beseitigen.

Als progressiv ist auch der Vorschlag des Rates „Für ein bestimmtes Spektrum ausgewählter Krankenhausleistungen sollte für die Vertragspartner die Option zu selektiven Verträgen mit speziellen Preis- und Qualitätsvereinbarungen bestehen." anzusehen. Mehr Vertragsfreiheit bedeutet auch mehr Möglichkeit zur individuellen Vertragsgestaltung in der Selektivversorgung, auch durch zweiseitige Verträge zwischen Krankenkasse und Krankenhaus oder Praxisklinik oder integriertem Leistungserbringer, die als innovative Versorgungsformen ideal mit anderen Selektivvertragsformen integrativ verknüpft werden können.

5.
Innovative Methoden, Verfahren und Projekte müssen eine stärkere Unterstützung und Förderung erfahren.

Wie sich gezeigt hat, ist der rechtliche Rahmen der Möglichkeiten der Krankenkassen für innovative Projekte, die auf der Grundlage des freien Kontrahierens mit medizinischen und anderen Leistungserbringern eingegangen werden können, nicht ausreichend. Der Gesetzgeber sollte hier gesetzliche Beschränkungen verringern und den Krankenkassen mehr Freiheiten einräumen, auf vertraglicher Grundlage nach eigenem Ermessen mit geeigneten Partnern Verträge schließen zu können. In diesem Zusammenhang sollten die Krankenkassen deutlich verbesserte Möglichkeiten erhalten, die dafür benötigten finanziellen Mittel aufzunehmen und die Wirtschaftlichkeit der Projekte nach angemessenen mittleren Fristen nachweisen zu können.

Wenn der Gesetzgeber an der Zielstellung der vorrangig populationsbezogenen Ausrichtung integrierender Versorgungsformen festhalten sollte, wird dadurch nur noch deutlicher, dass Krankenkassen die Möglichkeiten haben müssen, in derartige (aber auch in indikationsbezogene) Projekte investieren zu können.

Evaluierte I.V.-Projekte wie z.B. das AOK-PLUS-Projekt „CARDIO-Integral" zur Integrierten Versorgung kardiovaskulär erkrankter Patienten haben nachgewiesen, dass der Kostenaufwand in den Projekten zu Beginn am höchsten ist. Integrierte Versorgung ist kein Automatismus, der lediglich in Gang gesetzt werden muss, um dann wie ein Uhrwerk zu laufen. Erst wenn sich die Integration in Umsetzung der getroffenen Vereinbarungen eingespielt hat, die Partner sich aufeinander eingestellt haben und übliche Anfangsschwierigkeiten bei der Koordinierung der Abläufe überwunden worden sind, können sich die Projekte als effizient und effektiv erweisen. Hier sollte man von den Kassen keine Schnellschüsse erwarten, auch wenn es hier um die Verwendung von Mitteln der Sozialversicherung geht.

Ob zur Finanzierung der Projekte ein Innovationsfonds gebildet oder die Möglichkeit zur Bankenfinanzierung hergestellt werden muss, ist diskutabel. Aus Sicht der DGIV könnten auch beide Optionen zur Verfügung gestellt werden.

Ob bereits heute auch bei der Förderung innovativer Versorgungsformen eine Priorisierung von populationsbezogenen (indikationsübergreifenden) Versorgungskonzepten erfolgen sollte - wie es der Sachverständigenrat vorschlägt -, erscheint hingegen fraglich. Insbesondere in der Integrierten Versorgung werden derzeit ganz überwiegend indikationsbezogene Konzepte verwirklicht. Aus Sicht der DGIV führt derzeit der Weg über die verstärkte Förderung dieser Projekte hin zur populationsbezogenen Versorgung.

Mit der Bereinigung der Budgets zur stationären und ambulanten Leistungserbringung ist eine wichtige Komponente zur Gewährleistung fairer Finanzierungsbedingungen in der Selektivversorgung bisher nicht bzw. nicht befriedigend gelöst worden. Auch wenn aus den dazu vorliegenden Vorschlägen ein Königsweg derzeit noch nicht ersichtlich ist, muss dieses Thema in beiden Hauptsektoren gelöst werden, ohne dass den Leistungserbringern damit wichtige Anreize zur Teilnahme an der Selektivversorgung genommen werden.

Der Rat hat sich auch dafür ausgesprochen, innovative Versorgungskonzepte aus dem bisher vernachlässigten Bereich der Pflegeleistungen in die Förderungen einzubeziehen. Dieser Gedanke sollte in der Tat deutlich stärker in den Vordergrund gerückt werden. Zur Verwirklichung des Prinzips der Integrierten Versorgung müssen auch Leistungen der Altenpflege und andere Versorgungsleistungen (z. B. der Hospizversorgung) von vorn herein als Bestandteil ganzheitlicher integrativer Versorgungskonzepte verstanden werden. Auch hier bietet die Integrierte Versorgung als Versorgungsform der Selektivversorgung ein großes Potential für zukünftige populationsbezogene Versorgungskonzepte unter Einbeziehung der zuständigen Versicherungsträger.

6.

Die medizinische Versorgung und Pflege muss zugleich effizient und effektiv sein. Bestehende Gruppeninteressen müssen mit dem gesamtgesellschaftlichen Interesse an einer dahingehenden Versorgung im Einklang stehen.

Obwohl das deutsche Gesundheitswesen den Bürgerinnen und Bürgern auch im internationalen Vergleich eine gute Basis zur Daseinsvorsorge in diesem Bereich gewährleistet, wurden dennoch gerade hier viele bestehende Optionen zur Verbesserung der Qualität und Wirtschaftlichkeit der Versorgung bis heute nicht genutzt. Mit Blick auf die Herausforderungen, denen sich unsere Gesellschaft in den nächsten Jahren zu stellen hat, sollten die politischen Parteien gerade im Jahr der Bundestagswahlen die zurückliegenden Reformen des deutschen Gesundheitswesens kritisch-konstruktiv auswerten. In ihrer programmatischen Ausrichtung sollten die Parteien dabei bestrebt sein, überlebte Strukturen zu verändern, gesetzliche Regelungen ohne oder mit geringer Versorgungsrelevanz zu korrigieren und neue, im gesamtgesellschaftlichen Interesse effiziente und effektive Weiterentwicklungen der Systeme der gesetzlichen und privaten Krankenversicherung entschlossen einzufordern.

In den zurückliegenden Jahren wurde auf dem Gebiet der Weiterentwicklung des Gesundheitswesens nicht das erreicht, was möglich war. Zu vieles ist der Konsensfindung im Vorfeld der Gesetzgebungsverfahren zum Opfer gefallen, zu wenig hat schließlich Eingang in neue rechtliche Rahmenbedingungen der medizinischen Versorgung und Pflege gefunden.

Im Ergebnis hat sich der Eindruck verstärkt, dass vielleicht gerade wegen des insgesamt guten Niveaus der Versorgung in Deutschland maßgebliche, grundlegende Reformen, mit denen systematisch wesentliche Versorgungshemmnisse beseitigt und neue, innovative Versorgungswege begangen werden können, bisher noch nicht erreicht worden sind.

Die DGIV erwartet deshalb von der neuen Bundesregierung auf dem Gebiet der Entwicklung des Gesundheitswesens mehr Systematik im Vorgehen, mehr (versorgungs-)wissenschaftliche Bezüge und mehr Einflussnahme auf die Gestaltung moderner, innovativer Versorgungsstrukturen.

Wirtschaftlichkeit und Qualität der Versorgung sollten vor allen anderen Prämissen Maßstab für die Ausgestaltung einer jeden Versorgungsstruktur sein.

Im Zuge der Gesundheitsreformen sollte zukünftig stärker als zuvor nicht nur dem Interesse der Patienten, Leistungsträger und Leistungserbringer, sondern auch dem gesamtgesellschaftlichen Interesse an einer effizienten und effektiven Versorgung Rechnung getragen werden. Gruppeninteressen müssen auch im Gesundheitswesen mit diesem gesellschaftlichen Interesse in Übereinstimmung zu bringen sein; diesbezüglich etwaig festzustellende Differenzen sollten erforderlichenfalls durch staatliche Einflussnahme auf der Grundlage dafür geeigneter gesetzlicher Bestimmungen ausgeräumt werden.

7.

Schlussfolgerungen

Dass die Integrierte Versorgung als Versorgungsform in ihrer inhaltlichen Entwicklung gegenwärtig auf der Stelle tritt, ist ein hausgemachtes Problem. Es ist höchste Zeit, das enorme Potential, das in dieser attraktivsten aller Versorgungsformen streckt, endlich konsequent zu nutzen und die dafür erforderlichen freieren Rahmenbedingungen zu schaffen.

Ob das Instrument des „Wettbewerbs der besonderen Art" im Gesundheitswesen ausreicht, um effektivere und effizientere Versorgungsformen durchzusetzen, wird sich zeigen. Zukünftige Reformen werden möglicherweise mehr dem Erfordernis gerecht werden müssen, im Gesundheitswesen das gesamtgesellschaftliche Interesse an einer gleichermaßen qualitätsgesicherten wie wirtschaftlichen Versorgung – erforderlichenfalls in stärkerer Auseinandersetzung mit einzelnen Gruppeninteressen – konsequent durchzusetzen.

Die wissenschaftlich fundierten Erkenntnisse des Sondergutachtens 2012 des Sachverständigenrats zur Begutachtung der Entwicklung im Gesundheitswesen sollten noch stärker in den Mittelpunkt der gesundheitspolitischen Diskussion gerückt werden. Es kann kein Zweifel daran bestehen, dass im deutschen Gesundheitswesen noch große Reserven für eine verbesserte Versorgung der Bürgerinnen und Bürger bestehen.

Der Schnittstellenbereich von ambulant und stationär kristallisiert sich immer stärker zum Brennpunkt diesbezüglicher Betrachtungen heraus. Das kommt nicht von ungefähr, denn in diesem Bereich kann man sehr anschaulich verfolgen, wie groß die Diskrepanz zwischen den sich aus dem Wirtschaftlichkeitsgebot ergebenden Erfordernissen und den sich aus überholten Strukturen ergebenden tatsächlichen Machbarkeiten noch ist. Es ist eine der wichtigsten Aufgaben der nächsten Jahre für das deutsche Gesundheitswesen, diese Diskrepanz mit wirksamen Mitteln und Methoden entscheidend abzubauen.

-Literatur beim Verfasser-

Wege zur Einbeziehung der strukturierten Behandlungsprogramme (DMPs) in die integrierte Versorgung[1]

Eberhard Wille

1. Kooperationen unter Ärzten und Integrierte Versorgung

Schon seit geraumer Zeit zeichnet sich in der deutschen Gesundheitsversorgung ein Trend zu einer zunehmenden Kooperation unter den Ärzten ab. Während z.B. zwischen 1993 und 2008 die Zahl der niedergelassenen Ärzte nur um 13,9% anstieg, wuchs die Zahl der in Gemeinschaftspraxen tätigen Ärzte im selben Zeitraum um 60,5%. Bei den Internisten fiel der Zuwachs mit 102,9% besonders groß aus (Vgl. Wille, E. und Erdmann, D. 2011, S. 33f). Für den Trend zu einer kooperativen ärztlichen Tätigkeit spricht ebenfalls das noch immer andauernde – wenn auch seit 2009 etwas abgeschwächte – Wachstum der Medizinischen Versorgungszentren (MVZ; vgl. Kassenärztliche Bundesvereinigung 2012). Die Ergebnisse einer Umfrage unter niedergelassenen und Klinikärzten zu den „Zukunftsaussichten beruflicher Kooperationen" bestätigten ebenfalls, dass sich Kooperationen unter Ärzten immer größerer Beliebtheit erfreuen (vgl. Deutsche Apotheker- und Ärztebank 2012, S. 2f.). Ihre diesbezügliche Zurückhaltung gab inzwischen auch die Bundesärztekammer auf, so dass der 115. Ärztetag zu einer positiven Beurteilung der Chancen kooperativer Versorgungsformen gelangte und der „Förderung kooperativer Versorgungsstrukturen" einen eigenen Tagesordnungspunkt widmete (siehe auch Laschet, H. 2012).

Die Vorzüge einer zunehmenden und intensiveren Kooperation unter den Ärzten bestehen aus gesundheitsökonomischer Perspektive und aus Sicht der Leistungserbringer insbesondere in

- einer verbesserten Abstimmung der Versorgung an der Schnittstelle zwischen den Leistungssektoren, insbesondere zwischen der ambulanten und der stationären Behandlung (vgl. Sachverständigenrat zur Begutachtung der Entwicklung im Gesundheitswesen 2012, Ziffer 164ff.),
- der Sicherstellung einer flächendeckenden, hochwertigen Gesundheitsversorgung in strukturschwachen, vorwiegend ländlichen Regionen (vgl. Sachverständigenrat zur Begutachtung der Entwicklung im Gesundheitswesen 2010, Ziffer 1138ff.),

---

[1] Gutachten im Auftrag der Deutschen Gesellschaft für Integrierte Versorgung im Gesundheitswesen e.V. (DGIV)

- einer Ausweitung des Leistungsspektrums in Verbindung mit einer stärkeren fachlichen Spezialisierung und damit einer Stärkung der Attraktivität für die Patienten bzw. der Wettbewerbsfähigkeit,
- einer Absicherung der eigenen Diagnose und Therapie durch den kollegialen Austausch,
- einer Verminderung von ökonomischen Risiken in Verbindung mit einer Vermeidung von hohen, schuldenfinanzierten Investitionen,
- den Möglichkeiten einer flexibleren Arbeitsgestaltung und damit
- einer besseren Vereinbarkeit von beruflicher Tätigkeit auf der einen sowie Familie und Freizeitgestaltung auf der anderen Seite.

Diesen Vorzügen stehen aus Sicht der Ärzte als Nachteile
- eine kooperationsbedingte Zunahme der Bürokratie,
- ein hoher Beratungsbedarf sowie
- im Falle größerer Einheiten die Abnahme des Gewichtes der eigenen Stimme

gegenüber (siehe Deutsche Apotheker- und Ärztebank 2012, S. 5ff.). Infolge ihrer hohen Präferenz für den Grad der Selbstbestimmung halten knapp zwei Drittel der befragten Ärzte eine Betriebsgröße von drei bis vier kooperierenden Teilnehmern für wünschenswert.

Kooperationen unter Ärzten können die Gesundheitsversorgung zwar verbessern, bilden aber nur eine notwendige und keinesfalls hinreichende Bedingung für die Realisierung der kooperativen und integrierten Ziele, die der Gesetzgeber mit den besonderen Versorgungsformen nach § 53 Abs. 3 SGB V verfolgt. Diese umfassen:
- die hausarztzentrierte Versorgung (§ 73b SGB V),
- die besondere ambulante ärztliche Versorgung (§ 73c SGB V),
- die Modellvorhaben (§§ 63-65 SGB V),
- die strukturierten Behandlungsprogramme (§ 137f-g SGB V) sowie
- die integrierten Versorgungsformen (§ 140a-d SGB V).

Die Strukturverträge nach § 73a SGB V, die Kassenärztlichen Vereinigungen (KVen) mit den Landesverbänden der Kranken- und Ersatzkassen schließen können, erlauben im Unterschied zu den besonderen Versorgungsformen zwar keine selektiven Verträge zwischen den Krankenkassen und einzelnen Leistungserbringern, lassen sich im Sinne einer integrierten Versorgung hier jedoch hinzufügen. Sie ermöglichen nämlich, einem vom Versicherten gewählten

Hausarzt oder einem entsprechenden Verbund haus- und fachärztlich tätiger Vertragsärzte die vertragsärztliche Versorgung zu übertragen.

Der Integrationsgrad der jeweiligen Gesundheitsversorgung lässt sich nach den Kriterien:
- Anzahl der Einrichtungen,
- Vielfalt der Indikationen,
- Umfang der Leistungssektoren und
- räumliche Ausdehnung

bestimmen bzw. klassifizieren. Eine Gemeinschaftspraxis, in der mehrere Ärzte der gleichen Fachrichtung miteinander kooperieren, repräsentiert unabhängig von ihrer Versorgungsqualität den niedrigsten Integrationsgrad. Er liegt etwas höher in einem MVZ, da dieses eine „fachübergreifende" ärztlich geleitete Einrichtung darstellt (so § 95 Abs. 1 SGB V), allerdings beschränken sich die Kooperationen unter den Ärzten nach dem gesetzlichen Erfordernis nur auf die jeweilige Einrichtung.

Der Integrationsgrad des jeweiligen Versorgungskonzeptes lässt sich, wie Tabelle 1 synoptisch zeigt, mit Hilfe der beiden zentralen Kriterien Umfang der Leistungssektoren und Vielfalt der einbezogenen Indikationen weitgehend idealtypisch bestimmen und klassifizieren (siehe auch Sachverständigenrat zur Begutachtung der Entwicklung im Gesundheitswesen 2010, Ziffer 961f. sowie Wille, E. 2010, S. 101f.) Dabei nimmt der Integrationsgrad des Versorgungskonzeptes mit dem Umfang der Leistungssektoren und der Vielfalt der einbezogenen Indikationen, d.h. in Tabelle 1 von links oben nach rechts unten, tendenziell zu. Den geringsten Integrationsgrad weist in diesem Schema eine sektorspezifische Versorgung auf, die sich auf eine Indikation beschränkt (Feld I). Dies gilt z.B. für ein Disease- Management-Programm (DMP), das sich nur auf einen Leistungssektor erstreckt. Die sektorspezifische Versorgung kann auch mehrere (Feld II) oder alle in ihren Bereich fallenden Krankheitsbilder (Feld III) einschließen; so ermöglicht z.B. § 73c SGB V neben einzelnen Bereichen auch die Einbeziehung der gesamten ambulanten ärztlichen Versorgung. Gleiches gilt für die hausarztzentrierte Versorgung oder für Versorgungskonzepte, die sich nur aus Hausärzten zusammensetzen. Die hausarztzentrierte Versorgung kann darüber hinaus auch einen integralen Bestandteil einer fach- und sektorenübergreifenden Versorgung (Feld IV bis VI), z.B. im Rahmen integrierter Versorgungsformen nach § 140a-d SGB V, bilden.

Die Versorgungskonzepte entsprechend den Feldern I bis III klammern von ihrem Ansatz her die sektorenübergreifende Koordination und damit die Schnittstellenprobleme zwischen den einzelnen Leistungsbereichen noch völlig aus. Dabei wurzeln gerade in den ungelösten Schnittstellenproblemen zentrale Defizite der deutschen Gesundheitsversorgung. So sah der Gesetzentwurf zum GKV-Modernisierungsgesetz, das am 01.01.2004 in Kraft trat, den „Sinn einer integrierten Versorgung" vornehmlich in einer Überwindung der Abschottung der einzelnen Leistungsbereiche, einer Nutzung der Substitutionsmöglichkeiten über verschiedene Leistungssektoren hinweg und einer Förderung der die Leistungssektoren übergreifenden Arbeitsteilung unter Wirtschaftlichkeits- und Qualitätsgesichtspunkten (siehe Bundesregierung 2003, S. 352). Die partielle sektorenübergreifende indikationsbezogene Versorgung (Feld IV), die eine oder mehrere Indikation(nen) beinhalten kann, überwindet zwar eine oder mehrere Sektorengrenzen, mögliche Schnittstellenprobleme bei den nicht einbezogenen Leistungsbereichen bleiben aber ungelöst. In diesem Feld befinden sich die meisten DMPs. Zur vollständig sektorenübergreifenden Versorgung, die von der Prävention bis zur Pflege reicht und mehrere Indikationen abdeckt (Feld V), gehören ambitioniertere Konzepte von DMPs. Die vollständige sektoren- und indikationenübergreifende Versorgung stellt in diesem Schema unter Integrationsaspekten das anspruchsvollste Konzept dar. Es bildet zugleich die Grundlage für eine in räumlicher bzw. regionaler Hinsicht populationsorientierte Gesundheitsversorgung. Ein solch umfassendes Versorgungsnetz, für dessen gesetzliche Verankerung sich die integrierten Versorgungsformen gemäß § 140a-d SGB V anbieten, kann außer den Modellvorhaben alle anderen besonderen Versorgungsformen als partielle integrale Elemente einschließen.

Tabelle 1: Versorgungskonzepte nach ihrem Integrationsgrad

Vielfalt der Indikationen \ Umfang der Leistungssektoren	Versorgungsbereich bzw. Leistungssektor					
	Prävention	ambulante Behandlung	stationäre Behandlung	Rehabilitation	Pflege	Alle Leistungssektoren
Indikation 1		sektorspezifische indikationsbezogene Versorgung I	sektorspezifische indikationsbezogene Versorgung I	sektorspezifische, partiell indikationsübergreifende Versorgung II		
Indikation 2		partiell sektorübergreifende indikationsbezogene Versorgung IV				
mehrere Indikationen		vollständig sektorübergreifende indikationsbezogene Versorgung V				sektor- und indikationsübergreifende Versorgung VI
Alle Indikationen		indikationsübergreifende sektorspezifische Versorgung III				

Quelle: Eigene Darstellung in Anlehnung an Baumann, M. 2006, S. 206

2. Integrierte Versorgung zwischen Wunsch und Wirklichkeit

Während die Notwendigkeit einer sektorenübergreifenden integrierten Versorgung und ihre besondere Bedeutung für das deutsche Gesundheitswesen in Politik und Wissenschaft außer Frage stehen, zeichnen die jüngsten Entwicklungen im Bereich der besonderen Versorgungsformen und die Ergebnisse von Befragungen bei Krankenkassen und Krankenhäusern ein eher ernüchterndes Bild. So gingen die Verträge zu den integrierten Versorgungsformen nach § 140a-d SGB V mit Auslaufen der Anschubfinanzierung ohne die Berücksichtigung von Betriebskrankenkassen, deren umfangreiche Fremdabschlüsse die (Vertrags-)Zahlen nach oben verzerren, von 2008 bis 2009 um ca. 25% zurück und stagnierten anschließend (vgl. Sachverständigenrat zur Begutachtung der Entwicklung im Gesundheitswesen 2012, Ziffer 438ff.) Bei den AOKen nahmen die entsprechenden Ausgaben sogar um 28% ab. Unter dem Blickwinkel einer sektorenübergreifenden Versorgung vermögen diesen Rückgang auch nicht die Zunahme von Verträgen und Ausgaben bei der besonderen ambulanten Versorgung nach § 73c SGB V oder die recht kontinuierliche Entwicklung der DMPs zu kompensieren, es sei denn, diese besonderen Versorgungsformen bilden integrale Bestandteile eines umfassenderen sektorübergreifenden Versorgungskonzeptes.

Die Ergebnisse mehrerer Befragungen von Krankenkassen und Krankenhäusern bestätigen letztlich diese skeptische Einschätzung hinsichtlich der künftigen Entwicklung einer sektorenübergreifenden integrierten Versorgung unter den gegebenen ordnungspolitischen Rahmenbedingungen bzw. Anreizsystemen (vgl. Sachverständigenrat zur Begutachtung der Entwicklung im Gesundheitswesen 2012, Ziffer 449ff. und 510ff; Gersch, M. 2012). Dabei weisen die Befragungen der Krankenkassen bei zahlreichen Antworten noch einen selektionsbedingten positiven Bias auf. So liegt bei der Befragung des Sachverständigenrates die Rücklaufquote mit 101 teilnehmenden von insgesamt 141 Krankenkassen bei 69,2%, versichertenbezogen jedoch bei ca. 95%. Da die größeren Krankenkassen, wie die Resultate der Befragungen belegen, vor allem die selektiven Vertragsformen deutlich positiver beurteilen, darf man davon ausgehen, dass die überwiegend kleinen Krankenkassen, die nicht an der Befragung teilnahmen, ein noch geringeres Interesse als der Durchschnitt der teilnehmenden Krankenkassen an einer sektorenübergreifenden integrierten Versorgung besitzen. Noch deutlicher fällt dieser Bias bei der Befragung von M. Gersch (2012, S. 10) aus, denn die Rücklaufquote von 15,9% mit 23 teilnehmenden von insgesamt 145 Krankenkassen erfasst hier 57,6% der gesetzlich Versicherten[2]. Die Ergebnisse dieser Studie deuten denn auch darauf hin, dass vor allem die kleineren nicht an der Befragung teilnehmenden Krankenkassen der integrierten Versorgung in Verbindung mit selektiven Verträgen sehr skeptisch gegenüberstehen. So beträgt unter den teilnehmenden Krankenkassen der Anteil der wachsenden Skeptiker gewichtet nach der Versichertenzahl nur 7,8%, ungewichtet aber 39,1% (ebenda, S. 17).

Die integrierten Versorgungsformen nach § 140a-d und die DMPs schneiden im Urteil der Krankenkassen hinsichtlich ihrer Eignung zur Effizienzsteigerung und zur Kostensenkung im Vergleich zu alternativen Instrumenten unterschiedlich ab, bleiben aber insgesamt hinter den ursprünglichen Erwartungen zurück. Als Instrument zur Effizienzsteigerung rangieren die integrierten Versorgungsformen hinter dem Case Management und der Prävention an dritter Stelle und die kassenindividuelle Gestaltung der DMPs nimmt den 7. und vorletzten Platz ein. Die Ergebnisse der Befragung ändern sich hier bei einer Gewichtung der Antworten mit der Zahl der Versicherten erheblich, denn dann liegen die integrierten Versorgungsformen gefolgt von den DMPs an der Spitze. Als Instrumente zur Kostensenkung messen die Krankenkassen ohne Unterschiede hinsichtlich ihrer Mitgliederzahl den integrierten Versorgungsformen und den DMPs im Vergleich zu anderen Maßnahmen nur eine geringe Bedeutung zu. Unter diesem Aspekt dominieren die Prüfung von Krankenhausrechnungen, Rabattverträge mit pharmazeutischen Unternehmen und die Vermeidung oder Reduzierung von Krankengeldansprüchen. Bei keinem Motiv der Krankenkassen für die Teilnahme an den integrierten Versorgungsformen klaffen die Wichtigkeit dieses Ziels und seine faktische Erfüllung so weit auseinander wie bei der angestrebten Kostensenkung. Als zusätzliche Handlungsoptionen wüschen sich die Krankenkassen in diesem Kontext selektive Verträge mit Krankenhäusern sowie im Rahmen der spezialfachärztlichen Versorgung und erweiterte Kompetenzen zur Prüfung ambulanter Leistungen und Rechnungen, wobei auch hier die großen Krankenkassen die selektive Vertragsgestaltung erheblich stärker präferieren.

---

[2] Dies erklärt im Wesentlichen auch die im Vergleich zu den Befragungen des Sachverständigenrates positiveren Ergebnisse der Erhebung von M. Gersch (2012, S: 23), die damit wohl überwiegend in Selektionseffekten wurzeln dürften.

Trotz dieser verhaltenen Beurteilung der integrierten Versorgungsformen schätzen im Vergleich zur herkömmlichen kollektivvertraglichen Versorgung 71,6% der Krankenkassen ihre Qualität für besser und 27,2% für gleich gut ein[3]. Eine sektorenübergreifende Orientierung wiesen in den Jahren 2010 und 2011 immerhin 68% der Verträge auf und die Mehrzahl der Krankenkassen ergriff bzw. implementierte zur Gestaltung der Schnittstelle zwischen dem ambulanten und dem stationären Sektor Maßnahmen zur Vermeidung von Doppeluntersuchungen, den Austausch strukturierter Einweisungs- und Entlassungsinformationen sowie spezielle transsektorale Behandlungspfade. Es kann daher unter Effizienz- und Qualitätsaspekten nicht darum gehen, die sektorenübergreifende integrierte Versorgung vor dem Hintergrund der bisherigen Erfahrungen bzw. Einschätzungen der Beteiligten grundsätzlich in Frage zu stellen, sondern unter Beachtung der Hindernisse, die einer erfolgreichen Entwicklung bisher entgegenstanden, zielorientiert weiterzuentwickeln. Hinsichtlich einer erfolgreicheren Umsetzung der integrierten Versorgungsformen nach § 140a-d SGB V beklagen die Krankenkassen vor allem folgende regulierungsbedingte Hemmnisse für den Abschluss an Verträgen und führen entsprechende Gründe für die Beendigung von Verträgen an:
- den Aufwand eines formalisierten Ausschreibungsverfahrens bzw. die Sorge vor Klagen gegen nicht korrekt ausgeschriebene Verträge,
- die bestehenden Regelungen zur Budgetbereinigung, die im Jahre 2010 nur bei 1,5% und im Jahre 2011 bei 2,2% der Verträge erfolgte,
- die Nichtberücksichtigung der Indikation im morbiditätsorientierten Risikostrukturausgleich (RSA),
- die zu hohen Kosten, z.B. für Kooperationen und Vertragsmanagement,
- zu geringe Teilnehmerzahlen sowie
- Mengenausweitungen durch die Leistungserbringer.

Evaluationen der Verträge nahmen 17% der Krankenkassen nie und 56% nur gelegentlich vor; zudem evaluierten 49,3% ausschließlich oder überwiegend nur intern. Bei den Evaluationen sehen sich allerdings vor allem kleinere Krankenkassen mit dem Problem nicht ausreichender Fallzahlen konfrontiert, da die im Vertrag eingebundene Versichertenpopulation für eine valide Studie nicht ausreicht (vgl. Meusch, A. 2012, S. 3). Es überrascht daher nicht, dass nahezu alle aufwendigeren und methodisch anspruchsvolleren Evaluationen von Projekten großer Krankenkassen stammen.

---

[3] Im Unterschied dazu schätzt bei den Krankenhäusern nur 25,5% der Befragten die integrierte Versorgung hier als besser ein und 69,2% halten sie für gleich gut wie die herkömmliche Versorgung.

Die Teilnahmequoten der Krankenhäuser an den integrierten Versorgungsformen nach § 140a-d unterscheiden sich nur wenig nach der jeweiligen Trägerstruktur[4], sie nehmen dagegen mit der Bettenzahl, der Tiefe der Versorgungsstufe und der städtischen Siedlungsstruktur stark zu. Für die Nichtteilnahme an den integrierten Versorgungsformen und für die Beendigung von entsprechenden Verträgen spielten bei den Krankenhäusern insbesondere folgende Gründe eine zentrale Rolle:
- die Unsicherheit des wirtschaftlichen Erfolges,
- der zu hohe bürokratische Aufwand,
- fehlende Vertragspartner auf Seiten der Krankenkassen,
- zu geringe Fallzahlen,
- zu geringe Vergütung sowie
- mangelndes Interesse bei den behandelnden Ärzten.

Bei einer Gegenüberstellung der Bedeutung der jeweiligen Aspekte bzw. Ziele mit der entsprechenden Erfüllung der Erwartungen treten die größten Lücken bei der Bindung der Einweiser an das Krankenhaus, der Erhöhung der Fallzahlen und der Steigerung der Patientenzufriedenheit auf. Im Rahmen von Qualitätssicherungsmaßnahmen, die zusätzlich zur herkömmlichen Versorgung zum Einsatz kamen, tauschten 47,8 % der an den integrierten Versorgungsformen teilnehmenden Krankenhäuser Einweisungs- und Entlassungsinformationen aus, ebenfalls 47,8 % wendeten spezielle Behandlungspfade oder Leitlinien an und 31,0 % unterhielten Qualitätszirkel. Nach dem „Innovationspanel 2010/2011. Klinikwirtschaft. NRW", einer Befragung zum Modernisierungsgeschehen in den Krankenhäusern Nordrhein-Westfalens, spielt allerdings die Verbesserung der Zusammenarbeit mit vor- und nachgelagerten Bereichen im derzeitigen Innovationsgeschehen der Krankenhäuser nur eine untergeordnete Rolle. Entsprechend existieren wenig Innovationen im Sinne eines krankenhausübergreifenden Ausgangspunktes neuer Entwicklungen (siehe Blum, K. et al. 2013, S. 15ff.).

3. Gemeinsamkeiten zwischen DMPs und integrierten Versorgungsformen

Wie die Ausführungen im Zusammenhang mit Tabelle 1 bereits andeuteten, können die einzelnen besonderen Versorgungsformen in einem engen organisa-

---

[4] Die Spanne reicht hier von 31,6% bei Krankenhäusern in privater Trägerschaft bis 39,8% in öffentlicher.

torischen und inhaltlichen Verhältnis zueinander stehen, was den Integrationsgrad der Gesundheitsversorgung erheblich zu intensivieren vermag. So bietet z.b. die hausarztzentrierte Versorgung nach § 73b SGB V sowohl für die besondere ambulante ärztliche Versorgung nach § 73c SGB V als auch für die DMPs eine aussichtsreiche Basis. Die DMPs zielen u.a. auf eine engmaschige Begleitung des Krankheitsverlaufs durch den jeweiligen Hausarzt und eine verbesserte Kooperation zwischen Haus- und Facharzt hinsichtlich der Frühdiagnostik von Begleit- und Folgeerkrankungen (vgl. Nordrheinische Gemeinsame Einrichtung Disease-Management-Programme GbR 2012, (S. 1). Zudem entscheiden sich Patienten, die an der hausarztzentrierten Versorgung teilnahmen, deutlich häufiger für eine Teilnahme an DMPs als nicht eingeschriebene Patienten (vgl. Gerlach, F. M. und Szecsenyi, J. 2013, S. 30f.). Umfangreiche Ärztenetze mit regionalem Bezug, die wie z.b. CARDIO-Integral (siehe Werblow, A. und Karmann, A. 2012) oder Qualität und Effizienz eG Nürnberg (vgl. Wambach, V. 2012a und 2012b) auf den integrierten Versorgungsformen nach § 140a-d SGB V aufbauen, enthalten neben der Mitwirkung von hausärztlichen Vertragsgemeinschaften DMPs als zentrale integrale Elemente. Die ebenfalls auf den integrierten Versorgungsformen basierende Managementgesellschaft Gesundes Kinzigtal GmbH (siehe Hildebrandt, H. et al. 2009) regt die Einschreibung der Frage nach kommenden Patienten in die DMPs an. Die integrierten Versorgungsformen vermögen in ihrer derzeitigen Konzeption „eine verschiedene Leistungssektoren übergreifende Versorgung" aber nicht zu garantieren, da sie auch eine „interdisziplinär-fachübergreifende Versorgung" ermöglichen (§ 140a Abs. 1 SGB V), sie bilden aber von ihrem Ansatz her unter den besonderen Versorgungsformen die einzige gesetzliche Grundlage für ein weitreichendes sektorenübergreifendes Versorgungsnetz. Unter diesem Aspekt liegt es nahe, das Verhältnis zwischen den DMPs, die schon Ende 2011 über 10.6000 Programme mit über 6,9 Mio. Teilnehmern umfassten (vgl. Nordrheinische Gemeinsame Einrichtung Disease-Management-Programme GBR 2012, S. 7), und den besonderen Versorgungsformen etwas eingehender zu beleuchten.

Im Unterschied zur hausarztzentrierten Versorgung nach § 73b SGB V besitzen die Krankenkassen nicht die Verpflichtung, sondern nur die Option, Verträge zu den besonderen Versorgungsformen und den DMPs mit den Leistungserbringern zu schließen und diese Projekte ihren Versicherten anzubieten. Wie bei allen besonderen Versorgungsformen nehmen die Leistungserbringer, die entsprechende Verträge mit den Krankenkassen schließen, und die Versicherten, die sich in die Programme einschreiben, freiwillig an den Versorgungskonzepten teil. Der Verbleib in der herkömmlichen kollektivvertraglichen Versorgung sowie die grundsätzliche Rückkehr in diese stellt für die Versicherten immer eine Alternative dar. Die Ausgestaltung der Vergütung der Leistungserbringer bleibt ebenso wie die Modalitäten der Arztwahl durch die Patienten den Vertragspartnern der integrierten Versorgungsformen und der DMPs überlassen. Das Scheitern der Managed Care-Vorlage in der Schweiz zeigt, dass zu restriktive gesetzliche Vorgaben hinsichtlich der Vergütung, z.b. in Form von Globalbudgets, oder einer (eingeschränkten) Arztwahl der Implementierung solcher Konzepte eher schaden (vgl. Unterberg, W. 2012). Dies schließt nicht aus, dass sich auch Versorgungsnetze mit Globalbudgets und eingeschränkter Arztwahl im Wettbewerb behaupten, d.h. mit ihrem Angebot hinreichend Versicherte attrahieren können. Über die spezielle Ausgestaltung der Konzepte im Rahmen dieser beiden besonderen Versorgungsformen sollten die Vertragspartner und im wettbewerblichen Entdeckungsverfahren letztlich die Präferenzen der jeweiligen Versicherten und Patienten entscheiden.

Der Gesetzgeber intendiert mit Hilfe dieser beiden besonderen Versorgungsformen eine Überwindung der bisher zu stark abgeschotteten Leistungssektoren. So zielen die integrierten Versorgungsformen, wie schon angedeutet, auf „eine verschiedene Leistungssektoren übergreifende Versorgung der Versicherten" (§ 140a Abs. 1 SGB V) und die DMPs beinhalten als Kriterium in nahezu gleicher Weise einen „sektorenübergreifenden Behandlungsbedarf" (§ 137f Abs. 1 SGB V). Ebenso betont der Gesetzgeber für beide Versorgungsformen explizit das Qualitätsziel, d.h. eine „Behandlung nach dem aktuellen Stand der medizinischen Wissenschaft unter Berücksichtigung von evidenzbasierten Leitlinien oder nach der jeweils besten, verfügbaren Evidenz" (§ 137f Abs. 2 SGB V) bzw. eine qualitätsgesicherte integrierte Versorgung „entsprechend dem allgemein anerkannten Stand der medizinischen Erkenntnisse und des medizinischen Fortschritts" (§ 140b. Abs. 3 SGB V) Um die notwendige Koordination zwischen den einzelnen Versorgungsbereichen zu realisieren bzw. sicherzustellen, bedarf es einer ausreichenden Dokumentation von Behandlungsdaten und –befunden, die jedoch eine Einwilligung des Versicherten erfordert. Dieser besitzt auch ein Informationsrecht über die jeweiligen Programme bzw. Verträge, d.h. über die teilnehmenden Leistungserbringer, besonderen Leistungen und vereinbarten Qualitätsstandards (siehe § 140a Abs. 2 und 3 sowie ähnlich § 137f Abs. 2 und 3 SGB V).

Eine der zentralen Aufgaben der DMPs besteht darin, den Patienten als (Ko-) Produzenten seiner Gesundheit in den Behandlungsprozess zu integrieren und zu einem Selbstmanagement seiner chronischen Erkrankung zu veranlassen (vgl. Welch, P. 2002, S. 353). In diesem Sinne enthält § 137f Abs. 1 SGB V „die Beeinflussbarkeit des Krankheitsverlaufs durch Eigeninitiative des Versicherten" als ein Kriterium für die Auswahl der DMPs. Entsprechende Schulungen der Patienten sehen auch die integrierten Versorgungsformen, insbesondere die populationsorientierten Modelle, schon seit mehreren Jahren vor (siehe u.a. Weatherly, J.N. 2007, S. 131ff.). Sofern es im Rahmen von integrierten Versorgungsformen oder DMPs gelingt, im Sinne einer intensiveren Zusammenarbeit und partizipativer Entscheidungsfindung das Arzt-Patientenverhältnis zu verbessern, profitieren über die Lerneffekte der involvierten Ärzte auch Versicherte und Patienten, die nicht an diesen Programmen teilnehmen (vgl. Frenzel, A. und Reuter, A. 2012, S. 47; ähnlich Tomaschko, K. et al. 2011, S. 157). Dies gilt auch für eine im Rahmen dieser beiden besonderen Versorgungsformen angewandten leitlinienkonformen Behandlung oder einem Einsatz strukturierter Behandlungspfade sowie für aus pharmakologischen Zirkeln gewonnene Informationen, denn der behandelnde Arzt dürfte bei diesen Neuerungen bzw. Erkenntnissen nicht zwischen den in das Programm eingeschriebenen und anderen Patienten unterscheiden.

Schließlich gewährt der Gesetzgeber gerade an der Schnittstelle zwischen ambulanter und stationärer Behandlung im Rahmen dieser beiden besonderen Versorgungsformen den Vertragsparteien spezielle Gestaltungsmöglichkeiten und setzt damit Anreize zum Abschluss entsprechender Verträge. So können die Krankenkassen oder ihre Landesverbände nach § 137f Abs. 7 SGB V mit zugelassenen Krankenhäusern, die an den DMPs teilnehmen, Verträge über eine ambulante ärztliche Versorgung schließen, soweit die ambulante Leistungserbringung zu den DMPs dies erfordert. Im Rahmen der integrierten Versorgungsformen können sich die Vertragspartner gemäß § 140b Abs. 4 SGB V auf der Grundlage ihres jeweiligen Zulassungsstatus auch auf die Erbringung von Leistungen verständigen, die der Zulassungs-, Ermächtigungs- und Berechtigungsstatus des jeweiligen Leistungserbringers nicht deckt. Zudem besitzen die Krankenkassen nach § 53 Abs. 3 SGB V die wettbewerbliche Option, für Versicherte, die an den besonderen Versorgungsformen teilnehmen, eine Prämienzahlung oder Zuzahlungsermäßigungen vorzusehen.

Angesichts dieser zahlreichen Gemeinsamkeiten, die sowohl die Zielsetzung als auch den Inhalt und teilweise auch die Maßnahmen betreffen, überrascht es, dass die integrierten Versorgungsformen und die DMPs im Sozialgesetzbuch ohne erkennbare integrierte Beziehung ziemlich isoliert nebeneinander stehen[5]. Der zentrale Grund für die fehlende Integration dieser beiden Versorgungsformen dürfte darin bestehen, dass die Finanzierung der 2002 eingeführten DMPs bis Ende 2008 aus dem Risikostrukturausgleich (RSA) erfolgte. Sie beschränkten sich auf die sechs chronischen Krankheiten Diabetes Mellitus Typ 1 und Typ 2, Asthma bronchiale, chronisch obstruktive Atemwegserkrankung (COPD), koronare Herzkrankheit und Brustkrebs. Die erheblichen und teilweisen enormen (besonders bei Brustkrebs) finanziellen Anreize, die für die Krankenkassen mit einer Einschreibung der Versicherten in ein DMP einhergingen, machten einen entsprechenden Prüf- und Kontrollaufwand erforderlich. Mit Einführung des stärker morbiditätsorientierten RSA zum 01.01.2009 lief die enge Anbindung der DMPs an den RSA aus und die Krankenkassen erhalten jetzt nur noch Programmkostenpauschalen für Dokumentations- und Koordinationsleistungen je eingeschriebenen Versicherten aus dem Gesundheitsfonds (vgl. Nordrheinische Gemeinsame Einrichtung Disease-Management-Programme GbR 2012, S. 7). Im Unterschied zu der früheren Verknüpfung mit dem RSA setzt diese mehrmals abgesenkte Pauschale[6] für die Krankenkassen nun keine Anreize mehr zu einem reinen Einschreibewettbewerb, der sich weitgehend unabhängig von der Versorgungsqualität primär an fiskalischen Zielen orientiert[7]. Die Dokumentation im Rahmen der DMPs erhöht für die Krankenkassen allerdings die Chance, dass die Ärzte für eine Berücksichtigung im RSA die Morbidität der Versicherten besser kodieren und die Diagnosen im Rahmen der vertragsärztlichen Versorgung dem M2Q-Kriterium genügen[8]. Aus dieser Sicht erscheint der Weg

---

[5] Wie bereits oben erwähnt, enthalten zwar einige umfassendere Netze, die auf den integrierten Versorgungsformen aufbauen, DMPs als integrale Bestandteile, für die meisten DMPs gilt dies aber nicht.

[6] Die Krankenkassen erhielten je eingeschriebenen Versicherten für das Jahr 2009 noch pauschal 180,00 €, von denen 125,00 € auf Leistungsausgaben und 55,00 € auf Verwaltungsaufgaben entfielen. Diese Pauschale reduzierte sich dann über 168,00 € (2011) und 153,12 € (2012) auf 147,84 € (120,60 € plus 27,24 €) im Jahre 2013.

[7] Es geht in diesem Beitrag insofern auch nicht mehr um die kontrovers diskutierte Frage, ob und inwieweit die DMPs unter dem Regime des RSA die Qualität der Versorgung verbesserten bzw. die mit ihnen realisierten gesundheitlichen Ziele den entsprechenden Ressourceneinsatz rechtfertigten; siehe hierzu u.a. Sachverständigenrat zur Begutachtung der Entwicklung im Gesundheitswesen 2012, Ziffer 392; Nordrheinische Gemeinsame Einrichtung Disease-Management-Programme GBR 2012, S. 8ff.

[8] Während die Krankenhausdiagnosen beim RSA unmittelbar zu einer Zuordnung zu den betreffenden derzeit 80 Krankheiten führen, erfordert die Berücksichtigung im Rahmen der vertragsärztlichen Versorgung, dass zwei Diagnosen derselben Krankheit aus unterschiedlichen Abrechnungsquartalen vorliegen müssen (vgl. Drösler, S. et al. 2011, S. 20).

frei für eine Verknüpfung der DMPs mit den integrierten Versorgungsformen und die Aufhebung der fragwürdigen Begrenzung der DMPs auf die erwähnten sechs chronischen Krankheiten.

Obwohl der Abbau der finanziellen Anreizwirkungen durch den RSA eine grundlegende Reform sowohl der DMPs als auch ihres Verhältnisses zu den integrierten Versorgungsformen ermöglichte, nahm das Versorgungsstrukturgesetz (GKV-VStG) vom 22.12.2011 nur einige bescheidenen Entlastungen des administrativen Aufwands im Kontext der DMPs vor. So ging die Regelungskompetenz für den Inhalt und die konkrete Ausgestaltung der DMPs vom Bundesministerium für Gesundheit (BMG) auf den Gemeinsamen Bundesausschuss (G-BA) über (siehe auch Bundesministerium für Gesundheit 2011, S. 146f.). Der G-BA legt damit auch künftig fest, für welche chronische Krankheiten DMPs entwickelt werden können. Das BMG regelt lediglich gemäß § 266 Abs. 7 SGB V durch Rechtsverordnung mit Zustimmung des Bundesrates die Ermittlung der Grundpauschale aus dem Gesundheitsfonds zur Deckung der Programmkonten. Ferner entfällt die Notwendigkeit einer Wiederzulassung der DMPs auf der Grundlage von Evaluationsergebnissen. Dies erlaubt Vereinfachungen der Evaluation der DMPs, deren Inhalte und Ziele der G-BA in seinen Richtlinien festlegt. Die Evaluationen sollen jetzt nur noch „die erforderlichen Erkenntnisse für die Überprüfung und Weiterentwicklung der Vorgaben" des G-BA an die Behandlung im Rahmen der DMPs liefern (vgl. Bundesministerium für Gesundheit 2011, S. 147).

4. Unterschiede zwischen DMPs und integrierten Versorgungsformen

Die Unterschiede zwischen diesen beiden besonderen Versorgungsformen beginnen bereits bei den Leistungserbringern bzw. Partnern, mit denen die Krankenkassen nach den gesetzlichen Vorgaben Verträge schließen können. Während § 140b Abs. 1 SGB V die Vertragspartner der Krankenkassen bei den integrierten Versorgungsformen enumerativ und abschließend aufführt, fehlt eine ähnliche Angabe bei den DMPs. Aus § 137f Abs. 5 SGB V geht lediglich hervor, dass es sich um zugelassene Leistungserbringer handelt und die Krankenkassen ihre Aufgaben zur Durchführung der DMPs auch auf Dritte übertragen können. Zu den zugelassenen Vertragspartnern der Krankenkassen gehören bei den integrierten Versorgungsformen seit dem Arzneimittelmarkt-Neuordnungsgesetz (AMNOG) vom 22.12.2010 auch pharmazeutische Unternehmen und Hersteller von Medizinprodukten im Sinne des MPG, nicht aber Kassenärztliche Vereinigungen (KVen). Dies bildet insofern einen erheblichen Unterschied zu den DMPs, als die Krankenkassen diese Verträge im regionalen Rahmen neben Krankenhausbetreibern überwiegend mit KVen schließen (vgl. Nordrheinische Gemeinsame Einrichtung Disease-Management-Programme GbR 2012, S. 7). Diese Präferenz der Krankenkassen für die KVen als Vertragspartner geht auf die bis Ende 2008 geltende Anbindung der DMPs an den RSA zurück, denn die KVen konnten wesentlich besser als einzelne Gruppen von Leistungserbringern für eine möglichst umfassende Einschreibung der chronisch Kranken in die DMPs und damit für entsprechende Mehreinnahmen der Krankenkassen sorgen. Dies erklärt auch, dass es sich bei den DMPs zwar in formaler Hinsicht um selektive Verträge handelt, denen die Leistungserbringer wie die Versicherten freiwillig beitreten, die jedoch in inhaltlicher und vor allem wettbewerblicher Hinsicht in starkem Maße Züge von Kollektivverträgen besaßen und noch immer aufweisen. Ein Wettbewerb zwischen einzelnen Gruppen von Leistungserbringern oder diesen mit KVen findet im Rahmen der DMPs praktisch nicht statt.

Für die Auswahl der chronischen Krankheiten, die sich für DMPs eignen, führt § 137f. Abs. 1 und 2 SGB V spezifische Kriterien und Anforderungen an, für die es bei den integrierten Versorgungsformen im Gesetz kein Pendant gibt. Dabei beinhalten die zu berücksichtigenden Kriterien:
- die Zahl der von der Krankheit betroffenen Versicherten,
- Möglichkeiten zur Verbesserung der Qualität der Versorgung,
- Verfügbarkeit von evidenzbasierten Leitlinien,
- sektorenübergreifender Behandlungsbedarf,
- Beeinflussbarkeit des Krankheitsverlaufs durch Eigeninitiative des Versicherten und
- hoher finanzieller Aufwand der Behandlung.

Bei den integrierten Versorgungsformen findet von diesen Kriterien nur der „Leistungssektoren übergreifende Versorgungsbedarf" im Gesetz Erwähnung, aber es steht wohl außer Frage, dass den übrigen Kriterien hier eine mindestens ähnliche Bedeutung wie bei den DMPs zukommt. Dies gilt umso mehr, als die integrierten Versorgungsformen nach § 140a Abs. 1 SGB V „eine bevölkerungsbezogene Flächendeckung der Versorgung ermöglichen" sollen.

Bei den Anforderungen, die § 137f Abs. 2 SGB V an die DMPs stellt, entsprechen die Vorgaben zum aktuellen Stand der medizinischen Wissenschaft, zur Qualitätssicherung, zur Einschreibung der Versicherten in die Programme und zur Dokumentation weitgehend den Postulaten im Rahmen der integrierten Versorgungsformen. Die DMPs erfordern zusätzlich noch Schulungen der Leistungserbringer und der Versicherten sowie eine Bewertung der Auswirkungen der Versorgung in den Programmen. Nach den Richtlinien des G-BA haben die Krankenkassen gemäß § 137f Abs. 4 SGB V eine externe Evaluation der DMPs „durch einen unabhängigen Sachverständigen auf der Grundlage allgemein anerkannter wissenschaftlicher Standards zu veranlassen". Die Krankenkassen müssen diese Evaluation veröffentlichen und zudem für jedes volle Kalenderjahr nach den Vorgaben und Richtlinien des G-BA Qualitätsberichte erstellen. Obgleich der Gesetzgeber mit der bis Ende 2008 gültigen Anschubfinanzierung auch bei den integrierten Versorgungsformen spürbare finanzielle Anreize setzte, sieht er hier im Gegensatz zu den DMPs bis heute keine obligatorische Evaluation vor. Die bisher auf freiwilliger Basis durchgeführten und publizierten Evaluationen stellen daher eine selektive Auswahl dar (vgl. Wille, E. 2010, S. 117f.). Es fehlt somit auch eine Informationsbasis, die flächendeckend über die Effizienz und Effektivität dieser Programme Auskunft geben und als Grundlage von Lerneffekten dienen könnte (vgl. Sachverständigenrat zur Begutachtung der Entwicklung im Gesundheitswesen 2010, Ziffer 870 und 2012, Ziffer 391). Es ist wenig überzeugend und wohl der ehemaligen Anbindung der DMPs an den RSA geschuldet, dass der Gesetzgeber für sechs chronische Krankheiten eine verbindliche und zu publizierende Evaluation vorschreibt, für die inhaltlich und organisatorisch wesentlich weitergehenden integrierten Versorgungsformen, die diese DMPs einschließen können, aber nicht.

Verglichen mit den integrierten Versorgungsformen sehen sich die DMPs auch darüber hinaus mit umfangreicheren und intensiveren Regulierungen konfrontiert. Diese betreffen u.a. folgende Voraussetzungen und Vorschriften:
- Das Bundesversicherungsamt (BVA) erteilt auf Antrag einer oder mehrerer Krankenkassen oder eines Verbandes die Zulassung von Programmen.
- Die Programme und die entsprechenden Verträge sind unverzüglich, spätestens innerhalb eines Jahres, an Änderungen in den Richtlinien des G-BA anzupassen.

- Es folgt eine Aufhebung der Zulassung eines Programmes, wenn es bzw. die entsprechenden Verträge nicht mehr die rechtlichen Anforderungen erfüllen.
- Die für die Wahrnehmung der Interessen der ambulanten und stationären Vorsorge- und Rehabilitationseinrichtungen und der Selbsthilfe sowie die für die sonstigen Leistungserbringer auf Bundesebene maßgeblichen Spitzenorganisationen besitzen eine Gelegenheit zur Stellungnahme, soweit ihre Belange berührt sind. Das BVA und die jeweils einschlägigen Fachgesellschaften können ebenfalls Stellungnahmen abgeben, die der G-BA alle in seine Entscheidungen einzubeziehen hat.
- Den für die externe Evaluation zuständigen Sachverständigen bestellt das BVA im Benehmen mit der Krankenkasse.
- Die Verbände der Krankenkassen und der Spitzenverband Bund der Krankenkassen unterstützen ihre Mitglieder beim Aufbau und der Durchführung von Programmen.

Die wenigen Regelungen, die bei den integrierten Versorgungsformen über die Vorschriften in den DMPs hinausgehen, wurzeln in dem erheblich weitergehenden Integrationskonzept dieser besonderen Versorgungsform. Da die integrierten Versorgungsformen, wie bereits angedeutet, nach den Intentionen des Gesetzgebers auf „eine bevölkerungsbezogene Flächendeckung der Versorgung" abzielen (§ 140a Abs. 1 SGB V), können sie insoweit den Sicherstellungsauftrag, den die KVen und die Kassenärztliche Bundesvereinigung (KBV) nach § 75 Abs. 1 SGB V wahrnehmen, einschränken. Die integrierten Versorgungsformen eröffnen auch die Option, die Budgetverantwortung insgesamt oder für definierte Teilbereiche in Form eines kombinierten Budgets unter Berücksichtigung der Zahl und der Risikostruktur der teilnehmenden Versicherten zu übernehmen. § 140 d Abs. 1 SGB V verpflichtet KVen und Krankenkassen, den Behandlungsbedarf entsprechend der Zahl und der Morbiditätsstruktur der teilnehmenden Versicherten zu bereinigen. Dabei können die integrierten Versorgungsformen alle Leistungen umfassen, über deren Eignung der G-BA keine ablehnende Entscheidung getroffen hat.

Der Grundsatz der Beitragssatzstabilität nach § 71 Abs. 1 SGB V gilt bei den integrierten Versorgungsformen gemäß § 140b Abs. 4 SGB V für bis zum 31.12.2008 abgeschlossene Verträge nicht. Die nach diesem Zeitpunkt abgeschlossenen Verträge unterliegen nicht nur dem Postulat der Beitragssatzstabilität, die Krankenkassen müssen die jeweiligen Verträge entsprechend § 71 Abs. 4

und 5 SGB V zudem sowohl den für sie zuständigen Aufsichtsbehörden als auch den für die Sozialversicherung zuständigen obersten Verwaltungsbehörden der Länder, in denen sie wirksam werden, zur aufsichtsrechtlichen Prüfung vorlegen. Diese soll sicherstellen, dass diese Verträge nicht zu einer Erhebung bzw. Erhöhung eines Zusatzbeitrages führen (vgl. Bundesversicherungsamt 2012). Dies impliziert, dass (Mehr-)Ausgaben, die über die Veränderungsrate der beitragspflichtigen Einnahmen hinausgehen, „durch vertraglich abgesicherte oder bereits erfolgte Einsparungen in anderen Leistungsbereichen ausgeglichen werden" (§71 Abs. 2 SGB V). Zusätzliche Leistungen, die bei den DMPs auf die Anforderungen der Richtlinien des G-BA oder auf die Rechtsverordnung im Rahmen der Zuweisungen aus dem Gesundheitsfonds gemäß § 266 Abs. 7 SGB V zurückgehen, verletzen den Grundsatz der Beitragssatzstabilität dagegen nicht.

Zunächst verwundert, dass der Gesetzgeber auch hinsichtlich des Postulates der Beitragssatzstabilität zwischen diesen beiden besonderen Versorgungsformen differenziert und an die integrierten Versorgungsformen härtere Maßstäbe anlegt bzw. hier restriktivere Modalitäten vorsieht als bei den DMPs, die ein vergleichsweise geringeres integratives Potential aufweisen. Unbeschadet der Notwendigkeit und gesundheitspolitischen Bedeutung von DMPs besteht dadurch die Gefahr, dass sich die Vertragspartner mit dieser besonderen Versorgungsform begnügen und inhaltlich und organisatorisch weitergehende, populationsorientierte Versorgungsnetze, die auf die integrierten Versorgungsformen aufbauen, vernachlässigen. Der Aufbau umfangreicher integrativer Versorgungskonzepte verursacht zu Beginn hohe Investitionen, die sich in der Regel nicht im ersten oder zweiten Jahr, sondern erst später amortisieren (siehe auch Wambach, V. 2012a, S. 12; Werblow, A. und Karmann, A. 2012, S. 85ff.). Die enge Bindung an die Beitragssatzstabilität macht es nahezu unmöglich, gerade jene innovativen Projekte zu initiieren, die mit einem hohen integrativen Potential künftig einen spürbaren Beitrag zur Verbesserung der gesundheitlichen Outcomes versprechen (vgl. Sachverständigenrat zur Begutachtung der Entwicklung im Gesundheitswesen 2012, Ziffer 390). Das Ergebnis, im Basisjahr der Innovation anfallende Mehrausgaben durch vertraglich abgesicherte Einsparungen zu belegen, widerspricht auch der Grundidee wettbewerblicher Suchprozesse, denn diese Projekte eröffnen zwar Chancen auf Qualitätsverbesserungen der Versorgung und/oder finanzielle Erfolge, sie bergen aber zwangsläufig auch die Gefahr eines gesundheitlichen und ökonomischen Scheiterns. Zudem birgt das Beanstandungsrecht der Länderaufsichten die Gefahr von unterschiedlichen aufsichtsrechtlichen Prüfungen und damit von Wettbewerbsverzerrungen. Wenn die Krankenkassen im Preis- und Qualitätswettbewerb vom „Payer" zum „Player" avancieren sollen, kann dies nicht ohne die Übernahme von gewissen Risiken geschehen[9]. Letztere bedürfen zwar einer grundsätzlichen Begrenzung, aber im Detail keiner paternalistischen Regulierung, die innovative Integrationskonzepte schon im Keim zu ersticken droht.

5. Optionen und Hindernisse einer zielorientierten Verzahnung von DMPs mit integrierten Versorgungsformen

Wie die zahlreichen Gemeinsamkeiten zwischen diesen beiden besonderen Versorgungsformen schon andeuten und die Gestaltung einzelner umfangreicher Versorgungsnetze belegt, besteht auch bei gegebener Gesetzeslage die Möglichkeit, die DMPs als integrale Elemente in die integrierten Versorgungsformen einzubeziehen. Dies geschieht jedoch nur vereinzelt und das derzeitige Verhältnis zwischen den DMPs und den integrierten Versorgungsformen weist, wie die vielfältigen Unterschiede zwischen diesen beiden besonderen Versorgungsformen zeigen, zahlreiche Bruchstellen auf und bietet insgesamt keine zielorientierte Grundlage für eine effiziente und effektive sektorenübergreifende Versorgung. Dabei stehen die Unterschiede, mit denen die integrierten Versorgungsformen über die DMPs hinausgehen, einer zielorientierten Verzahnung nicht im Wege. Da die integrierten Versorgungsformen idealiter auf eine bevölkerungsbezogene, flächendeckende Versorgung abzielen, können sie in Form eines kombinierten Budgets die Budgetverantwortung insgesamt oder für definierte Teilbereiche übernehmen und damit auch den Sicherstellungsauftrag der KVen einschränken. Aufgrund ihres eingegrenzten Integrationspotentials, das sich nur auf einzelne chronische Krankheiten bezieht, vermögen die DMPs solche Aufgaben schon von ihrer Konzeption her nicht zu übernehmen. Diese Unterschiede behindern insofern eine zielorientierte Verzahnung dieser beiden besonderen Versorgungsformen nicht.

Weniger zu überzeugen vermögen dagegen die meisten spezifischen Merkmale, mit denen sich die DMPs von den integrierten Versorgungsformen unter-

---

[9] Aus dem gleichen Grunde könnte man den jeweiligen Vertragspartnern die Budgetbereinigung als Option freistellen und nicht gemäß § 140d Abs. 1 verpflichtend vorschreiben.

scheiden. Die in § 137f Abs. 1 und 2 SGB V bei den DMPs explizit aufgeführten Kriterien und Anforderungen passen inhaltlich ohne Einschränkung auch alle zum Konzept der integrierten Versorgungsformen und legen eine Verzahnung dieser beiden besonderen Versorgungsformen „unter einem Dach" nahe. Dies gilt u.a. auch für die geforderten Schulungen der Leistungserbringer und die vorgeschriebene Evaluation durch einen unabhängigen Sachverständigen. Gerade bei umfangreichen und integrativen Konzepten bzw. Netzen, wie sie die integrierten Versorgungsformen ermöglichen, benötigt die Versorgungsforschung eine valide Informationsbasis, um deren Effizienz und Effektivität beurteilen zu können. Die Evaluationsergebnisse bieten dann eine Grundlage für Lerneffekte und damit für eine kontinuierliche Verbesserung der entsprechenden Versorgungskonzepte. Unter diesem Aspekt erscheint es völlig dysfunktional, dass der Gesetzgeber für das Konstrukt der DMPs eine Evaluation vorschreibt und in diesem Kontext eine Programmkostenpauschale vorsieht, für inhaltlich und organisatorisch viel weitergehende, integrierte Versorgungsformen dagegen nicht. Dies bedeutet, dass die Vertragspartner, die ein umfangreiches integratives Versorgungsnetz evaluieren, hierfür keine Programmkostenpauschale erhalten, wohl aber für dessen einzelne Elemente, sofern diese sich auf die ausgewählten sechs Krankheiten beziehen.

Die obigen kritischen Anmerkungen intendieren, um Missverständnissen vorzubeugen, nicht die Abschaffung der Evaluation der DMPs und auch nicht der zugehörigen Programmkostenpauschale. Sie belegen jedoch im Sinne einer zielorientierten Verzahnung dieser beiden besonderen Versorgungsformen die Notwendigkeit unter gleichen bzw. ähnlichen Bedingungen eine Evaluation mit Gewährung einer Programmkostenpauschale auch für das Konstrukt der integrierten Versorgungsformen vorzusehen. Dies könnte wie bei den DMPs obligatorisch für alle integrierten Versorgungsformen gelten oder nur für solche, bei denen die Vertragspartner einen entsprechenden Antrag stellen und sich damit auf die vorgegebenen Modalitäten der Evaluation verpflichten. Sofern der Gesetzgeber wieder einmal besondere finanzielle Anreize für innovative integrierte Versorgungskonzepte setzen sollte, könnten allerdings nur integrierte Versorgungsformen, die mit einer Evaluation einhergehen, in den Genuss dieser Förderungsmaßnahmen kommen. Diese Regelung besitzt zunächst den Vorzug, dass auch integrierte Versorgungsformen, die keine DMPs einschließen, für eine Evaluation mit einer anschließenden Publikation in Frage kommen. Sodann gewährt die Evaluation einer integrierten Versorgungsform, die mehrere DMPs umfasst, nicht nur einen indikationsspezifischen, sondern einen umfassenden Einblick in die Ergebnisse des jeweiligen Versorgungsnetzes. Dabei interessieren u.a. auch die Beziehungen zwischen den isoliert evaluierten DMPs und spezielle Probleme der Multimorbidität, da diese Informationen bei der ausschließlichen Evaluation einzelner chronischer Krankheiten verloren zu gehen drohen.

Eine zielorientierte Verzahnung von DMPs mit den integrierten Versorgungsformen setzt, wie schon angedeutet, generell gleiche Bedingungen bei den Zulassungskriterien und den Anforderungen voraus, d.h. bei den Evaluationen hinsichtlich Einschreibung, Methodik, Dokumentation und Publikation der Ergebnisse. Unter diesem Aspekt sollten auch die zahlreichen und intensiven Regulierungen entfallen, denen die DMPs als Folge ihrer seinerzeitigen Anknüpfung an den RSA im Unterschied zu den integrierten Versorgungsformen immer noch unterliegen. Zudem gibt es keine überzeugenden Gründe für eine Ungleichbehandlung dieser beiden besonderen Versorgungsformen hinsichtlich des fiskalischen Postulates der Beitragssatzstabilität. Die regide Umsetzung dieses Postulates widerspricht, wie schon oben unter Punkt 4 aufgeführt, den Intentionen einer Förderung innovativer Versorgungskonzepte mit einem längerfristigen Planungshorizont. Die Krankenkassen besitzen im Wettbewerb um günstige Beiträge ein hinreichendes Eigeninteresse, um mehrjährige Defizite mit integrierten Versorgungsprojekten zu vermeiden. Es besteht kaum die Gefahr, dass sie kurzfristige fiskalische Ziele zugunsten längerfristiger Erfolge im Qualitäts- und Preiswettbewerb vernachlässigen. Zudem können ihnen projektbegleitende Evaluationen Warnsignale für sich abzeichnende finanzielle Unterdeckungen der Projekte liefern. Dieser Aspekt spricht ebenfalls dafür, innovative Versorgungsprojekte, die sich – obligatorisch oder freiwillig auf Antrag – einer Evaluation mit vorgegebenen Regeln unterziehen, zumindest befristet von dem Postulat der Beitragssatzstabilität freizustellen.

Die größten Probleme einer zielorientierten Verzahnung dieser beiden besonderen Versorgungsformen bereitet der Umstand, dass die Krankenkassen ihre bisherigen Verträge zu den DMPs nahezu ausschließlich mit den KVen abschließen, die Verträge zu den integrierten Versorgungsformen jedoch mit einzelnen Leistungserbringern, da der § 140b Abs. 1 SGB V die KVen hier als Vertragspartner ausschließt. Den DMPs fehlt daher, wie bereits unter Punkt 4. herausgestellt, im Gegensatz zu den integrierten Versorgungsformen eine wettbewerbliche Orientierung. Gegen eine obligatorische Trennung der DMPs von den

KVen sprechen jedoch die auf diesem Gebiet inzwischen gewachsenen organisatorischen Strukturen und auch trotz aller kritischen Einwände, die im wesentlichen auf die seinerzeitige Anbindung der DMPs an den RSA zurückgehen, die in den letzten Jahren erzielten Behandlungserfolge. Zudem würde ein Ausschluss der KVen bei den DMPs kleineren Krankenkassen bzw. solchen mit einer geringen regionalen Verdichtung die Chance auf eine Teilnahme ihrer Versicherten an solchen Programmen rauben. Schließlich setzt eine valide Evaluation dieser Programme jeweils eine hinreichende Anzahl an chronisch kranken Versicherten voraus, was viele Krankenkassen ohne weitreichende Zusammenschlüsse nicht ermöglichen können.

Angezeigt scheint in diesem Kontext jedoch eine Erweiterung der seit über 10 Jahren unveränderten Anzahl der – damals unter RSA-Gesichtspunkten ausgewählten – sechs chronischen Krankheiten. So bietet z.b. die Managementgesellschaft Gesundes Kinzigtal GmbH parallel zu den DMPs eine große Bandbreite anderer Indikationen, wie z.b. Osteoporose oder Herz-Insuffizienz, an (Informationen vom 01.03.2013). Anders als bei den DMPs ist die Teilnahme an diesen derzeit 15 Versorgungsprogrammen an die Mitgliedschaft in dem Versorgungsnetz gebunden. Es besteht unter Versorgungsaspekten zweifellos ein großes Interesse an der Durchführung von DMPs, die über die bestehenden sechs chronischen Krankheiten hinausgehen und ebenfalls eine Evaluation aufweisen. Die Vertragspartner solcher Versorgungsprogramme sollten daher ein entsprechendes Antragsrecht beim G-BA erhalten und bei Erfüllung der bestehenden Bedingungen für die vereinbarte Evaluation auch die entsprechende Programmkostenpauschale. Dabei sollte es keine Rolle spielen, ob die Krankenkasse diese neuen DMPs mit einer KV vereinbart oder selbständig in ein Versorgungsnetz implementiert, das auf den integrierten Versorgungsformen aufbaut. Der erheblich größere Aufwand, den die Evaluation eines umfassenden populationsorientierten Netzes im Rahmen der integrierten Versorgungsformen verursacht, und das gesundheitspolitische Interesse an einem solchen Integrationsgehalt rechtfertigen sogar eine höhere Programmkostenpauschale als für die Evaluation eines einzelnen DMP. Derzeit besteht in dieser Hinsicht, wie schon oben unter Punkt 4. moniert, ein großes Missverhältnis.

6. Ausblick: Zu finanziellen Anreizen einer Förderung innovativer Versorgungskonzepte

Nach Auslaufen der finanziellen Anreize für die DMPs und die integrierten Versorgungsformen Ende 2008 ermöglicht das GKV-VStG in § 87b Abs. 2 SGB V ab Anfang 2012 für „vernetzte Praxen" bzw. „Praxisnetze"[10] ein eigenes Honorarvolumen als Teil der morbiditätsbedingten Gesamtvergütungen, um damit „der kooperativen Behandlung von Patienten in dafür gebildeten Versorgungsformen angemessen Rechnung zu tragen". Voraussetzungen für diese Förderung bilden eine Verbesserung der ambulanten Versorgung und die Anerkennung des Praxisnetzes durch die KV. Dabei fällt der KBV nach § 87b Abs. 4 SGB V die Aufgabe zu, „Kriterien und Qualitätsanforderungen für die Anerkennung besonders förderungswürdiger Praxisnetze ... insbesondere zu Versorgungszielen" im Einvernehmen mit dem Spitzenverband Bund der Krankenkassen zu bestimmen.

Mit dieser Aufforderung, besonders förderungswürdigen Praxisnetzen ein eigenes Honorarvolumen im Rahmen der morbiditätsbedingten Gesamtvergütungen einzuräumen, unterstreicht der Gesetzgeber die Notwendigkeit und Bedeutung einer kooperativen Behandlung von Patienten im niedergelassenen bzw. ambulanten Bereich. Als zielführende Maßnahmen bieten sich hier besonders an (siehe Stock, J. 2012, S. 30 ff.; Kassenärztliche Bundesvereinigung 2013, S. 13):
- netzeigene Qualitätszirkel mit netzspezifischen Standards,
- die Auswahl von Qualitätsindikatoren als Schwerpunkte der qualitätsorientierten Tätigkeit,
- Fallbesprechungen und Feedback-Berichte,
- die Umsetzung von Leitlinien und die Vorgabe konkreter Behandlungspfade,
- die Konzipierung spezieller Präventionsangebote,
- Kooperationen mit Leistungserbringern aus anderen Versorgungsbereichen sowie
- eine gemeinsame Dokumentation mit dem Ziel einer externen Qualitätstransparenz.

---

[10] Während der Begriff „vernetzte Praxen" bereits bei den Strukturverträgen in § 73a SGB V auftaucht, erscheint der Terminus „Praxisnetze" mit dem GKV-VStG neu im SGB V. Es herrscht auch Unklarheit darüber, wieviele solcher Praxisnetze es bereits gibt. Die geschätzte Zahl von 400 (vgl. Stock, J. 2012, S. 29) dürfte stark von den jeweils herangezogenen Kriterien bzw. qualitativen Anforderungen abhängen.

Obgleich diese Gesetzesinitiative zur Förderung kooperativer Behandlungen in die richtige Richtung weist, bestehen zum einen Zweifel, was ihre Umsetzbarkeit betrifft, und zum anderen Bedenken, ob und inwieweit hiervon die Versorgungsnetze mit dem höchsten Kooperations- bzw. Integrationsgrad profitieren. Zunächst erfolgt die finanzielle Förderung der Praxisnetze aus den morbiditätsbedingten Gesamtvergütungen, so dass sich diese für den Rest der Vertragsärzte, d.h. für die weit überwiegende Mehrheit der niedergelassenen Ärzte, überproportional reduzieren. Es stellt insofern schon eine korporative Herausforderung für die KVen dar, eine qualitativ ausgewiesene Minderheit zu Lasten der Mehrheit finanziell besser zu stellen. Zudem bildet die Kooperation mit Leistungserbringern aus anderen Leistungsbereichen, d.h. vor allem Krankenhäusern, zwar sehr wahrscheinlich ein Kriterium für die Auswahl der förderungswürdigen Praxisnetze, aber keine zwingende Bedingung. Es liegt daher nahe - und wohl auch im Interesse der KVen-, dass die Förderung der Praxisnetze im kollektivvertraglichen Bereich bleibt, zumal hier keine Einschreibungen der Patienten und vor allem keine strittigen Budgetbereinigungen anfallen. Daraus folgt jedoch die Befürchtung, dass gerade die Netze mit einer sektorübergreifenden Orientierung sowie dem höchsten Kooperations- und Integrationsgrad, die überwiegend auf den integrierten Versorgungsformen aufbauen, im Rahmen dieser Förderung leer ausgehen.

Unbeschadet ihrer partiellen Berechtigung im vertragsärztlichen Bereich[11] greift diese Förderung von Praxisnetzen, die sich schon nach dem Gesetzestext nur auf eine „Verbesserung der ambulanten Versorgung" (§ 87b Abs. 2 SGB V) und nicht auf eine sektorenübergreifende Behandlung der Patienten abzielt, unter dem Aspekt einer Implementierung und eines Aufbaus innovativer Versorgungsnetze mit einem möglichst hohen Integrationsgehalt zu kurz. Für eine zielorientierte Förderung umfassenderer Versorgungsnetze bedarf es eines breiteren sektorenübergreifenden Ansatzes und noch anspruchsvollerer Kriterien bzw. Bedingungen, wie z.B. (siehe Sachverständigenrat zur Begutachtung der Entwicklung im Gesundheitswesen 2012, Ziffer 398):
- die Befristung der Förderung mit der Gewährung eines für die Amortisation der Investitionen hinlänglichen Planungszeitraumes,
- eine Beschränkung auf sektorenübergreifende Projekte,

---

[11] Diese resultiert u.a. daraus, dass sich diese Förderung aus den morbiditätsbedingten Gesamtvergütungen finanziert und damit keinen anderen Leistungssektor tangiert.

- eine obligatorische Evaluation mit einer adäquaten Kontrollgruppe zur Bewertung der Ergebnisse unter Einschluss von Outcomeindikatoren sowie
- eine Priorisierung von populationsorientierten, indikationsübergreifenden Versorgungskonzepten sowie solchen, die den bisher vernachlässigten Pflegebereich mit einbeziehen.

Da ein solches Förderungskonzept auf eine sektorenübergreifende Versorgung abzielt, kommen als Finanzierungsquelle nicht die morbiditätsbedingten Gesamtvergütungen des niedergelassenen Bereichs, sondern Mittel aus dem Gesundheitsfonds in Frage. Einer speziellen finanziellen Förderung innovativer Versorgungskonzepte sollten allerdings zunächst ein Abbau der beschriebenen innovationshemmenden ordnungspolitischen Rahmenbedingungen und unter Integrationsaspekten eine Aufwertung der integrierten Versorgungsformen gegenüber den DMPs vorangehen. Sofern die Aktivitäten und Impulse hinsichtlich innovativer Versorgungskonzepte mit einem hohen Integrationsgehalt dann weiterhin stagnieren, stehen zeitlich gefristete finanzielle Anreize zur Diskussion. Sofern die Auswahl der förderungswürdigen Projekte nach den o.a. Kriterien erfolgt, spielt es eine vergleichsweise untergeordnete Rolle, ob sich der Gesetzgeber dann für ein darlehensbasiertes Förderungskonzept (vgl. Sachverständigenrat zur Begutachtung der Entwicklung im Gesundheitswesen 2012, Ziffer 398), was spezielle ordnungspolitische Vorteile aufweist, oder ein vom Finanzvolumen her weitergehendes Modell entscheidet.

Literatur:

Baumann, Martin (2006): Medizinische Versorgungszentren und Integrationsversorgung – Beiträge zur effizienten Leistungserbringung im Gesundheitswesen? Eine institutionen-ökonomische Analyse, Bayreuth.

Blum, Karl, Löffert, Sabine, Evans, Michaela und Borchers, Uwe (2013): Das Krankenhaus im Zentrum, in: führen und wirtschaften (f & w), 30. Jg., Heft 1, S. 14-17.

Bundesministerium für Gesundheit (2011): Entwurf eines Gesetzes zur Verbesserung der Versorgungsstrukturen in der gesetzlichen Krankenversicherung, Stand 27.07.2011.

Bundesversicherungsamt (2012): Selektivverträge nach §§ 73c, 140aff. SGB V, hier: Vorlagepflicht nach § 71 Abs. 4 SGB V in der Fassung des GKV-Versorgungsstrukturgesetzes (GKV-VStG), Schreiben vom 06. März 2012.

Deutsche Apotheker- und Ärztebank (2012): Zukunftsaussichten beruflicher Kooperationen. Eine strukturierte Befragung des Deutschen Ärzte-Verlags und der Deutschen Apotheker- und Ärztebank, Juni 2012.

Drösler, Saskia, Hasford, Jörg, Kurth, Bärbel-Maria, Schaefer, Marion, Wasem, Jürgen und Wille, Eberhard (2011): Evaluationsbericht zum Jahresausgleich 2009 im Risikostrukturausgleich, Bonn.

Emmert, Martin, Eijkenaar, Frank, Kemter, Heike, Esslinger, Adelheid Susanne und Schöffski, Oliver (2012): Economic evaluation of pay-for-performance in health care: a systematic review, in: The European Journal of Health Economics, Vol. 13, Nr. 6, S. 755-767.

Frenzel, Alexander und Reuter, Annette (2012): Lernen aus Disease-Management-Programmen, in: Monitor Versorgungsforschung, 5. Jg., 05/2012, S. 40-47.

Gerlach, Ferdinand M. und Szecsenyi, Joachim (2013): Abschlussbericht zur Evaluation der Hausarztzentrierten Versorgung (HzV) nach § 73b SGB V in Baden-Württemberg (2010-2011), Stand 23.01.2013, Frankfurt und Heidelberg.

Gersch, Martin (2012): Monitoring Integrierte Versorgung („Monitoring – IV"). Besondere Versorgungsformen: (kein) Wachstum in Sicht? Ergebnisse der zweiten Runde der Vollerhebung zu den besonderen Versorgungsformen bei gesetzlichen Krankenversicherungen („M-IV II"), Berlin.

Hildebrandt Helmut, Bischoff-Everding, Christoph, Saade, Peter, Cortekar, Jörg, Pimperl, Alexander und Daul, Giesela (2009): Finanzierung und Vergütung der Integrierten Versorgung aus Sicht einer Managementgesellschaft – das Beispiel Gesundes Kinzigtal, in: Braun, G.E., Güssow, J., Schumann, A. und Heßbrügge, G. (Hrsg.): Innovative Versorgungsformen im Gesundheitswesen, Köln, S. 49-64.

Kassenärztliche Bundesvereinigung (2012): Entwicklung der Medizinischen Versorgungszentren 3. Quartal 2007 bis 3. Quartal 2011, Berlin.

Kassenärztliche Bundesvereinigung (2013): Rahmenvorgaben zur Anerkennung von Praxisnetzen, Berlin.

Laschet, Helmut (2012): Auf dem Weg zur Kooperation. Positionierung des Ärztetages zu innovativen Versorgungsformen, in IMPLICON-Gesundheitspolitische Analysen-, 05/2012, Berlin.

Meusch, Andreas (2012): Qualitätswettbewerb durch Selektionsverträge. Ist der Traum zu Ende bevor es begann?, in: IMPLICONplus – Gesundheitspolitische Analysen-, 09/2012, Berlin.

Nordrheinische Gemeinsame Einrichtung Disease-Management-Programme GbR, als Hrsg. (2012): Qualitätsbericht 2011. Disease-Management-Programme in Nordrhein, Düsseldorf.

Sachverständigenrat zur Begutachtung der Entwicklung im Gesundheitswesen (2010): Sondergutachten 2009. Koordination und Integration – Gesundheitsversorgung in einer Gesellschaft des längeren Lebens, Bd. II, Baden-Baden.

Sachverständigenrat zur Begutachtung der Entwicklung im Gesundheitswesen (2012): Sondergutachten 2012. Wettbewerb an der Schnittstelle zwischen ambulanter und stationärer Gesundheitsversorgung, Bern.

Stock, Johannes (2012): Qualitätssicherung. Netze machen Ärzte stark, in: Gesundheit und Gesellschaft, 15. Jg., Ausgaben 11/12, S. 29-33.

Tomaschko, Katrin, Gawlik, Christian, Nolte, Dirk und Doorn, Heinz Peter von (2011): Disease Management Programme in Deutschland, in: Die BKK, 03/2011, S. 150-157.

Unterberg, Wolf (2012): Managed Care – oder der Wille des Bürgers, in: ärztepost, Herbst 2012, S. 14-15.

Wambach, Veit (2012a): „Innovation im Verbund – Chronisch Kranke besser versorgen!" Integrierte regionale Vollversorgung im Gesundheitsnetz Qualität und Effizienz-QuE eG Nürnberg, Nürnberg.

Wambach, Veit (2012b): Qualitätsbericht 2011, Gesundheitsnetz Qualität & Effizienz eG, Nürnberg, Nürnberg.

Weatherly, John, N., Seiler, Rainer, Meyer-Lutterloh, Klaus, Schmid, Elmar, Lägel, Ralph und Amelung, Volker, E. (2007): Leuchtturmprojekte Integrierter Versorgung und Medizinische Versorgungszentren. Innovative Modelle der Praxis, Berlin.

Welch, Pete (2002): Disease management practices of health plans, in: The American Journal of Management Care, Vol. 8, Nr. 4, S. 353-361.

Werblow, Andreas und Karmann, Alexander (2012): Evaluation des integrierten Versorgungsvertrages über die Versorgung kardiovaskulär erkrankter Versicherter (CARDIO-Integral) der AOK PLUS, Endbericht, Dresden, den 01.06.2012.

Wille, Eberhard (2010): Stärkung der Wettbewerbsorientierung durch Ausweitung der selektivvertraglich organisierten Gesundheitsversorgung, in: Rürup, Bert, IGES Institut GmbH, DIW Berlin e.V., DIW econ GmbH und Wille, Eberhard (Hrsg.): Effizientere und leistungsfähigere Gesundheitsversorgung als Beitrag für eine tragfähige Finanzpolitik in Deutschland, Baden-Baden, S. 97-149.

Wille, Eberhard und Erdmann, Daniel (2011): Gesundheitsökonomischer Stellenwert einer flächendeckenden ambulanten Facharztversorgung. Entwicklung, Stand und Perspektiven, Baden-Baden.

Die Frühbewertung des Zusatznutzens von Arzneimitteln aus ärztlicher Sicht

Petra A. Thürmann

1. Bewertung von neuen Arzneimitteln aus ärztlicher Sicht

Neue Arzneistoffe können aus ärztlicher Sicht unter verschiedensten Gesichtspunkten betrachtet werden: nach Häufigkeit und / oder Schweregrad der Erkrankungen (= Indikationen) im Gesundheitswesen allgemein oder unter dem Blickwinkel der eigenen ärztlichen Praxis, nach pharmakologischen Aspekten, unter Berücksichtigung des Innovationsgrades oder des angenommenen Nutzens für die Patienten. Völlig unabhängig vom Schweregrad und der Häufigkeit der Beschwerden war über die letzten Jahrzehnte hinweg die Zulassung mit dem Nachweis der Wirksamkeit und Sicherheit die Eintrittspforte für den Arzneimittelmarkt und inkludierte die Verordnungsfähigkeit in Deutschland im Rahmen der GKV. Die Marktdurchdringung neuer Arzneistoffe erfolgte dann in Abhängigkeit von Faktoren wie tatsächlicher Innovation und Nutzen, Aufnahme in Leitlinien der Fachgesellschaften, aber auch erheblich moduliert durch Marketingstrategien der pharmazeutischen Industrie.

1.1 Einschätzung des Stellenwertes neuer Arzneimittel

Seit den 80er Jahren des letzten Jahrhunderts wurde beispielsweise von den Kölner Pharmakologen Prof. Uwe Fricke und Prof. Wolfgang Klaus (vergl. Fricke U. & Klaus W., 1987) eine Beurteilung neuer Wirkstoffe veröffentlicht, die sowohl pharmakologische als auch therapeutische Gesichtspunkte berücksichtigt:

A	Innovative Struktur oder neuartiges Wirkprinzip mit therapeutischer Relevanz
B	Verbesserung pharmakodynamischer oder pharmakokinetischer Eigenschaften bereits bekannter Wirkprinzipien
C	Analogpräparat mit keinen oder nur marginalen Unterschieden zu bereits eingeführten Präparaten
D	Nicht ausreichend gesichertes Wirkprinzip oder unklarer therapeutischer Stellenwert

Ein neues Arzneimittel kann als erster Vertreter einer neuen Substanzklasse durchaus eine Bewertung A erhalten, versehen mit einem C oder D, wenn vorliegende klinische Daten den therapeutischen Stellenwert noch nicht untermauern. Ungeachtet zahlreicher Kritikpunkte wurde hiermit ein System etabliert, die potenzielle Bedeutung eines neuen Wirkstoffs bzw. Wirkprinzips für die Therapie einzuschätzen.

Selbstverständlich können und müssen sich Ärzte über neue Arzneistoffe informieren, anhand von Fachzeitschriften und z.B. vorgenannter Bewertungen, bei Fortbildungsveranstaltungen und mit Hilfe der Materialien, die ihnen von der pharmazeutischen Industrie zur Verfügung gestellt werden. Es stellt sich hier die Frage, inwieweit Ärzte dazu in der Lage sind, sich umfänglich und aus neutralen Quellen zu informieren. Während insbesondere Ärzte in Weiterbildung an Krankenhäusern häufig noch Zugang zu online-Bibliotheken haben, sind niedergelassene Ärzte auf die von Ihnen kostenpflichtig abonnierten und einige kostenfrei zur Verfügung gestellte Zeitschriften sowie online-Medien angewiesen. Beispielsweise stehen die Leitlinien der AWMF frei im Internet zur Verfügung, die Ärztekammer Nordrhein bietet ihren Mitgliedern einen kostenfreien Zugang zur Cochrane Library. So wertvoll diese Angebote sind, oftmals fehlt in der Routine die Zeit, all das zu lesen, was gelesen werden sollte. Um wissenschaftliche Literatur – insbesondere die Originalarbeiten - verstehen und korrekt interpretieren zu können, sind Kenntnisse über Methodik und Statistik erforderlich, die nicht unbedingt im Medizinstudium vermittelt werden. Windish und Kollegen (Windish D. et al., 2007) befragten 367 Ärzte in Weiterbildung in US-Amerikanischen Krankenhäusern zu Ihrer Fähigkeit, medizinische Fachliteratur zu verstehen. Während immerhin 81.6% der Ärzte in der Lage waren, ein relatives Risiko korrekt zu interpretieren, konnten nur noch 37,4% adjustierte Odds Ratios einer multivariaten Regressionsanalyse bzw. 10,5 % die Ergebnisse einer Kaplan-Meier Analyse verstehen. 75 % der Befragten gaben an, dass sie die Statistik in Fachzeitschriften überhaupt nicht verständen, aber 95 % fanden es jedoch sehr wichtig, diese biostatistischen Konzepte zu verstehen. Selbst wenn die Mehrzahl der deutschen Ärzte ein besseres Verständnis wissenschaftlicher Literatur aufweist, so mangelt es nicht nur an Zeit, sondern auch an Transparenz der Daten für die Öffentlichkeit. Der sog. Publikationsbias beschreibt die Tatsache, dass Studien mit positiven Ergebnissen, also zugunsten einer Innovation (sei es ein Medikament oder eine neue Operationsmethode) häufiger publiziert werden als Studien ohne eindeutige bzw. mit negativen Ergebnissen. Gerade im Bereich

Arzneimittel wurde gezeigt, dass von pharmazeutischen Unternehmen finanzierte klinische Studien häufiger ein positives Ergebnis zugunsten des Wirkstoffs haben als unabhängig von Firmen durchgeführte Untersuchungen. Auch werden die Ergebnisse öfter zugunsten des Herstellers interpretiert und zahlreiche Studien pharmazeutischer Unternehmen werden nicht veröffentlicht (vergl. Schott G. et al. 2010).

Eine strukturierte und systematische Analyse der vorhandenen Evidenz für neue Arzneimittel ist daher auch aus ärztlicher Sicht zu begrüßen.

Für die in Deutschland, i.d.R. durch das IQWiG vorgenommene Datenanalyse, gelten ergänzend zur eher pharmakologisch orientierten Bewertung von Fricke & Klaus folgende Kriterien für die Nutzenbewertung:

- Verbesserung des Gesundheitszustandes,
- Verkürzung der Krankheitsdauer,
- Verlängerung des Überlebens,
- Verringerung von Nebenwirkungen oder
- Verbesserung der Lebensqualität.

Die Bewertung des Zusatznutzens berücksichtigt also viel stärker Patientenrelevante Therapieergebnisse und stellt sie nicht nur in den Zusammenhang mit allen existierenden Alternativen, sondern vergleicht insbesondere mit der vom G-BA definierten zweckmäßigen Vergleichstherapie. Eine solche Aufarbeitung verfügbarer Daten und Einordnung kann daher zu einer Verbesserung der Wirtschaftlichkeit und Qualität der Arzneimitteltherapie dienen (vergl. Hess R. 2013). Entscheidender Vorteil der frühen Nutzenbewertung ist die Aktualität, d.h. sie findet unmittelbar nach der Zulassung statt und kann somit auch die korrekte Anwendung eines neuen Arzneimittels begleiten.

In Bezug v.a. auf die Häufigkeit und sekundär auch Schwere der zu behandelnden Erkrankungen kristallisieren sich (zugegebenermaßen etwas grob unterteilt) zwei Gruppen neuer Arzneimittel:

- Wirkstoffe für häufig vorkommende chronische Erkrankungen (Antihypertensiva, Antidiabetika, Lipidsenker etc.)

- Wirkstoffe im Bereich schwerwiegender, nicht so häufiger Erkrankungen (HIV-Therapeutika, Onkologika, Medikamente für pulmonale arterielle Hypertonie etc.)(vergl. Schwabe U. 2012a)

Ein weiteres Merkmal unterscheidet diese beiden Gruppen: während die erste Gruppe häufig in der ambulanten Praxis verordnet wird, werden Wirkstoffe der zweiten Gruppe eher stationär eingesetzt oder von Fachärzten die Therapie initiiert. Selbstverständlich gibt es fließende Übergänge, so werden Thrombozytenaggregationshemmer (wie z.b. Clopidogrel, Prasugrel und Ticagrelor) häufig nach einem akuten Ereignis stationär angesetzt und müssen ambulant weiter verordnet werden.

Betrachtet man die Innovationen in der erstgenannten Gruppe, so gibt es hier meist gut erprobte Arzneistoffe. Wenn man bedenkt, dass der durchschnittliche Hausarzt 90 % seiner Verordnungen mit weniger als 100 verschiedenen Arzneistoffen tätigt, so birgt jedes neue Medikament nicht nur neue Chancen, sondern auch Risiken durch unbeachtete Wechselwirkungen oder übersehene Kontraindikationen. Auch aus Sicherheitsgründen ist Transparenz vonnöten über den Stellenwert eines neuen Arzneimittels. Daher wird diese Gruppe im Folgenden näher betrachtet.

1.2 Neue Arzneistoffe für häufig vorkommende, chronische Erkrankungen

Zu dieser Gruppe zählen beispielsweise Medikamente zur Behandlung von Herz/Kreislauferkrankungen bzw. im Rahmen der Primär- und Sekundärprophylaxe, sowie Medikamente bei Diabetes mellitus und chronischen Atemwegserkrankungen. In diesen Indikationsgebieten besteht (aber wie die Erfahrung mit den ersten Nutzenbewertungen zeigte, nicht so oft wie angenommen) das Problem, dass in Zulassungsstudien meist Surrogatendpunkte wie z.B. Blutdrucksenkung evaluiert werden, und nicht Patienten-relevante Endpunkte wie Reduktion von Schlaganfällen oder Senkung der kardiovaskulären Morbidität und Mortalität. Teilweise werden für Zulassungszwecke Vergleiche mit Placebo gefordert bzw. mit einer Standardtherapie, die nicht zwingend auch die in Deutschland übliche Standardtherapie ist. Hinzu kommt, dass das Patientenkollektiv in Zulassungsstudien oftmals nicht dem multimorbiden Durchschnittspatienten einer Hausarztpraxis entspricht. So werden etwa zwei Drittel aller Medikamente von Patienten im Alter über 65 Jahren eingenommen, in klinischen Studien vor der Zulassung ist diese Altersgruppe oftmals unterrepräsentiert (vergl. Thürmann P.

2013). Welche (nicht unlösbaren) Probleme dies mit sich bringt, zeigt die Entwicklung der neuen oralen Antikoagulanzien, Medikamente zur „Blutverdünnung" bei Patienten mit erhöhtem Risiko für Thrombosen und Schlaganfälle. Kurze Zeit nach der Markteinführung des neuen Wirkstoffs Dabigatran (Pradaxa®) waren Rote Hand-Briefe erforderlich, um die Ärzteschaft auf besonders vorsichtige Dosierungsstrategien bei älteren Menschen mit Nierenfunktionseinschränkungen aufmerksam zu machen. Solche Risiken können durch eine frühe Nutzenbewertung nicht vermindert werden, aber der Fall zeigt auf, dass die Studiensituation von der Praxis abweicht und in aller Regel Vorsicht geboten ist bei der Verordnung ganz neuer Wirkstoffgruppen.

Erstes Fazit daher für diese Medikamentengruppe: a) sie werden oftmals im Kontext von Multimorbidität und Polypharmazie angewendet, b) in diesem Umfeld sind sie meist nicht optimal geprüft und c) es gibt i.d.R. probate Alternativen.

In dieser Medikamentengruppe kommt für die Nutzenbewertung ein weiterer Faktor hinzu: in diesem Bereich gibt es nicht nur zahlreiche Alternativen, sondern meistens bereits viele Generika (vergl. Schwabe U. 2012). Diese Tatsache gewinnt natürlich an Bedeutung, wenn Generika-fähige Wirkstoffe als zweckmäßige Vergleichstherapie des G-BA betrachtet werden und ein neuer Arzneistoff auch im Hinblick auf die spätere Preisverhandlung mit einem sehr günstigen Generikum verglichen würde (vergl. Gantner T. 2013).

Gerade bei den umsatzstärksten Arzneimitteln (vergl. Schwabe U. 2012) finden sich jedoch auch einige Arzneistoffe, die 2011 noch nicht als Generika verfügbar waren wie z.B. Quetiapin (Seroquel®) zur Behandlung von Depressionen und Schizophrenie oder Pregabalin (Lyrica®) zur Therapie von Nervenschmerzen, Angststörungen und bestimmten Epilepsieformen. Diese Präparate waren durchaus als Analog-Präparate von Fricke & Klaus (Kategorie C) eingestuft oder wurden beispielsweise von der KV Nordrhein als me-too kategorisiert. Hier stellt sich natürlich die Frage, welchen Platz diese Medikamente einnehmen und v.a. welchen Kostenfaktor sie darstellen würden, wenn sie den Prozess der frühen Nutzenbewertung durchlaufen hätten. Dies unterstreicht die potenzielle Bedeutung der Nutzenbewertung auch des Bestandsmarktes. Eine unabhängig, neutrale Bewertung solcher Arzneimittel kann auch für behandelnde Ärzte Transparenz herstellen und sie bei der Entscheidungsfindung unterstützen.

2. Die Betrachtung bisheriger Verfahren zur frühen Nutzenbewertung

Sicherlich unstrittig ist, dass die zur Nutzenbewertung aufgeführten Zielgrößen prinzipiell relevant für Patienten sind und die ärztlichen Ziele einer Pharmakotherapie widerspiegeln. Ebenso offensichtlich ist es, dass die Zulassung eines Arzneistoffs mit dem Nachweis der Wirksamkeit und Sicherheit nicht zwingend einen Zusatznutzen gegenüber der herkömmlichen Therapie bedeutet. In vielen Fällen sind jedoch aus ärztlicher Sicht nicht nur bessere Medikamente erforderlich, sondern eine Auswahl von Medikamenten für eine bestimmte Erkrankung kann hilfreich sein, wobei sich die Medikamente hinsichtlich ihrer Wirkstärke und v.a. des Nebenwirkungsprofils unterscheiden können, ja sogar müssen.

Betrachtet man die Evaluation des Zusatznutzens nach den Kriterien des IQWiG bzw. des G-BA im Vergleich zur zweckmäßigen Vergleichstherapie, so kann dies für den verordnenden Arzt verschiedene Bedeutungen haben. Dies soll fiktiv anhand eines neuen Wirkstoffs zur Behandlung des Diabetes mellitus veranschaulicht werden:

a) bei nicht gegebenem Zusatznutzen des neuen Medikamentes ist es nicht unbedingt schlechter, es sollte also nicht bei jedem neu diagnostizierten Diabetiker automatisch eingesetzt werden
b) es kann bei Therapieversagen oder Unverträglichkeit anderer (probater) Alternativen im Einzelfall entsprechend der Zulassung eingesetzt werden

Aus therapeutischer Sicht ist es nachvollziehbar, dass das Ergebnis der Nutzenbewertung eine Einordnung des Medikamentes in das vorhandene Armamentarium nach den Regeln der rationalen Pharmakotherapie und evidenzbasierten Medizin darstellt und über das Preisregulativ zu einer ökonomischen Einordnung führt. In der Vergangenheit wurden einige Wirkstoffe und Wirkstoffklassen sehr rasch häufig verordnet, obwohl ihr Stellenwert im Hinblick auf Patienten-relevanten Outcome häufig noch nicht gesichert war.

Bei der Verknüpfung des Zusatznutzens mit dem Preis ist allerdings möglicherweise unzureichend berücksichtigt, dass auch die Forschung und Entwicklung eines Medikamentes ohne Zusatznutzen hoher Investitionen bedurfte oder die Vergleichstherapie bereits generisch = auf niedrigem Preisniveau ist. Dieser Umstand kann möglicherweise dazu führen, dass solche me-too's nicht mehr entwickelt werden, obwohl sie für einige Patienten vielleicht hilfreich wären.

Auch kann eine negative Zusatznutzenbewertung – wie schon geschehen – dazu führen, dass der Hersteller aufgrund des dann sehr niedrigen Preises das Medikament nicht auf dem deutschen Markt ausbietet. Für Patienten und Ärzte wäre es jedoch wirklich fatal, wenn eine echte medikamentöse Alternative, v.a. für schwere Erkrankungen, falsch bewertet würde. Geben die bisherigen Zusatznutzenbewertungen Anhalt für Besorgnis?

Tabellen 1 und 2 bieten eine Übersicht über bisherige Verfahren. Je nach Zählweise werden diese unterschiedlich beurteilt: betrachtet man Stoffe mit wenigstens einer positiven Bewertung, so wurden zu diesem Zeitpunkt bei 15 von 24 Medikamenten mindestens ein geringer Zusatznutzen gefunden bzw. als nicht quantifizierbar bezeichnet. Betrachtet man die Anzahl der Indikationen, so stellt sich die Bilanz etwas ungünstiger dar.

Positiv hervorzuheben ist die Tatsache, dass Wirkstoffe wie beispielsweise Vemurafenib mit einem eindeutigen Überlebensvorteil für betroffene Patienten mit dem entsprechenden Tumorleiden, auch nach diesen Bewertungskriterien einen beträchtlichen Zusatznutzen attestiert bekommen. Es handelt sich hierbei um eine sog. „targeted therapy", also einen Wirkstoff, der bei denjenigen Patienten zum Einsatz kommt, deren Hautkrebs eine besondere Zielstruktur aufweist und die molekularpathologisch nachweisbar ist. Die Bewertung von Vemurafenib widerlegt auch deutlich zuvor geäußerte Bedenken, dass kurz nach der Zulassung noch nicht ausreichend Daten zu Patienten-relevanten Endpunkten vorlägen (vergl. Nink K. 2012).

Tabelle 1: Frühe Nutzenbewertung nach §35a SGB V mit positivem Zusatznutzen (Stand Oktober 2012)

Arzneistoff	Indikation	Zusatznutzen
Abirateronacetat	Metastasiertes Prostata-Carcinom. keine Docetaxel-Retherapie/Docetaxel-Retherapie möglich	Beträchtlich / kein
Apixaban	Thromboseprophylaxe bei Hüft- bzw. Kniegelenksersatz	Gering / bzw. kein
Belatacept	Abstoßung nach Nierentransplantation	Gering
Belimumab	Systemischer Lupus Erythematodes	Beträchtlich
Boceprevir	Hepatitis C	nicht quantifizierbar
Cabazitaxel	Metastasiertes Prostata-Carcinom keine Docetaxel-Retherapie/Docetaxel-Retherapie möglich	Gering / kein
Cannabis Sativa	Multiple Sklerose	Gering
Eribulin	Metastasiertes Mamma-Carcinom keine oder bei erneuter Behandlung mit Taxanen oder Anthrazyklinen	Gering / geringerer
Eviplera	HIV	Gering
Fingolimod	Multiple Sklerose je nach Verlaufsform	Gering/kein
Ipilimumab	Malignes Melanom	Beträchtlich
Rilpivirin	HIV	Gering
Telaprevir	Hepatitis C	nicht quantifizierbar
Ticagrelor	Akutes Koronarsyndrom/Nicht-ST-Hebungs-Infarkt nach Untergruppen	1 x Beträchtlich/3 x kein.
Vemurafenib	Malignes Melanom	Beträchtlich

Quelle: Nink K. 2012, Schwabe U. 2012b, http://www.g-ba.de/informationen/nutzenbewertung

Tabelle 2: Frühe Nutzenbewertung nach §35a SGB V ohne positiven Zusatznutzen (Stand Oktober 2012)

Arzneistoff	Indikation	Hinweis
Aliskiren/Amlodipin	Essentielle Hypertonie	Nicht vollständig
Bromfenac AT	Perioperative Augenentzündung	Vergleich Corticosteroid
Collagenase	Dupuytren'sche Kontraktur	Marktrücknahme
Fampridin	Multiple Sklerose	Nicht vollständig
Linagliptin	Diabetes mellitus Typ 2	Nicht vollständig
Pitavastatin	Hypercholesterinämie	Festbetrag
Regadenoson	Myokardperfusionsdiagnostikum	Nicht vollständig
Retigabin	Zusatztherapie fokaler Anfälle	Nicht vollständig
Vendetanib	Schilddrüsenkarzinom	Nicht vollständig

Quelle: Nink K. 2012, Schwabe U. 2012b, http://www.g-ba.de/informationen/nutzenbewertung

Überraschend war für die meisten die Tatsache, dass das IQWiG in seinen Analysen zum Wirkstoff Ticagrelor die seitens der Zulassung definierten Indikationen in den Subgruppen separat bewertete und somit nur in drei von insgesamt vier Patientengruppen ein Zusatznutzen konstatiert wurde. Wenig überraschend, aber in der Vorgehensweise verblüffend, war die Bewertung von Fampridin, einem Arzneistoff zur Verbesserung der Gehfähigkeit bei Patienten mit Multipler Sklerose. Als zweckmäßiger Vergleich wurde Krankengymnastik vorgeschrieben, was in den Zulassungsstudien nicht gefordert war. Hierfür waren also die entsprechenden Unterlagen nicht vorhanden. Betrachtet man die Zulassungsunterlagen von Fampridin, so wurde in drei Studien die Zeit zur Bewältigung einer Gehstrecke von 7,6 m um maximal 0,4 Sekunden verlängert. Dies klingt im Mittel eher fragwürdig und es stellt sich die Frage, auf welcher Basis das Arzneimittel zugelassen wurde. Da es Anhalt für sogenannte Responder gibt, bei denen sich eine deutlicher Effekt zeigt, hat man ein „conditional approval" erteilt. Der Kommentar der Zulassungsbehörde EMA besagt allerdings mehr als deutlich, dass valide Daten zu relevanten Endpunkten bis 2016 gefordert werden (vergl. EMA 2012). Aufgrund des conditional approval und des sehr geringen nachweisbaren Effektes in der Studienpopulation war eine negative Nutzenbewertung durch das IQWiG eigentlich vorauszusehen. Allerdings war laut G-BA die zweckmäßige als Vergleichstherapie Krankengymnastik vorgesehen, was zur Arzneimittelzulassung wahrscheinlich nicht akzeptiert worden wäre. Dieser Fall unterstreicht einen relevanten Faktor in der Vorgehensweise der Nutzenbewertung, nämlich die Auswahl der zweckmäßigen Vergleichstherapie, die sicher kritisch betrachtet werden muss.

Dieser Aspekt wird auch in der Literatur kontrovers diskutiert (vergl. Nink K. 2012; Bekkering G.R. & Kleijnen J. 2008) und hat im folgenden Beispiel spürbar die Öffentlichkeit erreicht. Für den Wirkstoff Linagliptin (ein sog. DPP4-Inhibitor) wurde der Zusatznutzen nicht anerkannt, da (lt. IQWiG und G-BA) erforderliche Daten nicht vorgelegt wurden. Kernpunkt der Diskussion war allerdings die vom G-BA definierte „zweckmäßige" Vergleichs- und Kombinationstherapie mit alten (und generischen) Wirkstoffen wie Metformin und Sulfonylharnstoffen. Es wurden vom Hersteller u.a. Vergleiche mit dem bereits zugelassenen DPP4-Inhibitor Sitagliptin angestellt, da für diesen ein relevanter Nutzen seitens GBA bereits 2008 attestiert wurde. Eine direkter head-to-head Vergleich konnte jedoch auch nicht vorgelegt werden (vergl. Nink K. 2012, Schwabe U. 2012b). Konsequenz ist nun, dass Linagliptin in Deutschland nicht zur Verfügung steht. Angesichts der Tatsache, dass es neben zahlreichen oralen Antidiabetika bereits Arzneistoffe mit diesem pharmakologischen Wirkprinzip gibt, ist der daraus resultierende Schaden für die Bevölkerung aus therapeutischer Sicht nach heutigem Kenntnisstand wahrscheinlich sehr gering.

Etwas anders stellt sich die Situation für das Antiepileptikum Retigabin dar: es handelt sich um ein Reservemedikament bei Patienten mit therapierefraktärer fokaler Epilepsie. Die zweckmäßige Vergleichtherapie des G-BA bezog sich auf zwei generische Antiepileptika, was für den Hersteller für Preisverhandlungen unakzeptabel erschien. Bis zu einem erneuten Bewertungsverfahren wird das Arzneimittel in Deutschland nicht allgemein erstattungsfähig sein. Für die ca. 1.000 betroffenen Patienten in Deutschland werden Regelungen über deren Krankenkassen eröffnet. NICE, das UK Pendant zum IQWiG, hat Retigabin anders beurteilt und kommt zu einem, wenn auch eher schwach positiven Votum. Hierbei spielen jedoch Kosten-Nutzen-Analysen unter Hinzunahme von QALYs eine Rolle und der Wirkstoff wurde mit anderen, neuen und teuren Antiepileptika verglichen. Diese andere methodische Vorgehensweise bei der Nutzenbewertung ergab daher ein abweichendes Ergebnis. Auch hier erweist sich die vom G-BA festgelegte (kostengünstige) Vergleichsmedikation bei diesem Krankheitsbild als problematisch, da mit Retigabin ja diejenigen Patienten behandelt werden sollten, bei denen die Standardmedikation nicht angeschlagen hatte. Ferner wird an diesem Beispiel auch aufgezeigt, dass die Methoden der europäischen Institutionen, welche ein Bewertungsverfahren zwecks Preisfestlegung durchführen, doch sehr unterschiedlich sind und dieselbe Studienlage zu durchaus unterschiedlichen Bewertungen führen kann. Je nachdem, welche Studien akzeptiert werden, welche Vergleichstherapie gefordert oder akzeptiert wird, oder welcher Outcome (Patienten-relevanter Nutzen oder QALYs) bewertet wird (vergl. Zentner A. 2012).

Neben der generellen Tatsache, ob sich für das neue Medikament ein wie auch immer gearteter Zusatznutzen findet, erscheint die Einteilung in „erheblicher / beträchtlicher / geringer Zusatznutzen / Zusatznutzen nicht quantifizierbar / Kein Zusatznutzen / Nutzen ist geringer als bei der zweckmäßigen Vergleichstherapie" nicht immer nachvollziehbar. So wurde beispielsweise der Zusatznutzen des bereits genannten Medikamentes gegen Hautkrebs, Vemurafenib, mit „erheblich" bewertet. Es wurden jedoch die unerwünschten Nebenwirkungen der Therapie, die schwerwiegend sein können, quasi „subtrahiert", so dass die endgültige Bewertung nur noch einen „beträchtlichen" Zusatznutzen ergab. Hier stößt das Verfahren sicher an seine Grenzen, da je nach Schweregrad der Erkrankung oftmals mehr oder weniger unerwünschte Wirkungen von den Patienten in kauf genommen werden.

2.1 Keine Nutzenbewertung von Orphan Drugs und Arzneistoffen, die fast nur im stationären Bereich angewendet werden

Es ist nicht zwingend nachvollziehbar, dass sog. Orphan Drugs von der Bewertung ausgeschlossen werden (vergl. Windeler J. 2010). Der Gesetzgeber und auch andere gehen hier davon aus, dass mit der Zulassung der Zusatznutzen belegt sei. Nun ist von der Natur der Sache her nicht verständlich, warum ausgerechnet bei Orphan Drugs mit erleichtertem Zulassungsverfahren der Zusatznutzen belegt sei, und bei Arzneistoffen mit einem aufwändigen Zulassungsverfahren wiederum der Zusatznutzen geprüft werden muss. Angesichts der Tatsache, dass bei einem Orphan Drug Status qua definitionem immerhin bis zu 40.000 betroffene Patienten alleine in Deutschland leben können, so ist zumindest für einige der Orphan Drugs schon eine ausreichende Population für kontrollierte Studien zu Endpunkten vorhanden. Eine italienische Analyse aus 2008 ergab, dass in fast der Hälfte der 44 Orphan Drugs keine randomisierten kontrollierten Studien vorlagen, die meisten Studien gegen Placebo kontrollierten, obwohl es teilweise therapeutischen Alternativen gab, und dass vorwiegend Surrogatendpunkte untersucht wurden (vergl. Joppi R. 2009). Hinzu kommt die Tatsache, dass einige Wirkstoffe zunächst einen Orphan Drug Status erhalten, weil sie primär für eine seltene Krankheit gemäß EU-Definition zugelassen werden. Später gesellen sich jedoch weitere Indikationsgebiete hinzu und man kann eigentlich nicht mehr von „selten" sprechen (vergl. Windeler J. 2010). All dies spricht dagegen, den Zusatznutzen dieser Arzneimittel automatisch und in jedem Fall als gegeben vorauszusetzen.

Aufgrund der gesetzgeberischen Intention, primär den GKV-Markt zu entlasten, wurden Arzneistoffe des stationären Sektors ohne (relevante) Weiterverordnung im ambulanten Bereich vom Bewertungsverfahren ausgeschlossen. Das betrifft beispielsweise das neue Antibiotikum Ceftarolin oder das zur Sedierung auf Intensivstation indizierte Medikament Dexmedetomidin. Auch für neue Arzneistoffe, die überwiegend im Bereich der Intensivmedizin eingesetzt werden, wäre eine neutrale und transparente Aufarbeitung der Studienlage als Hilfestellungen für Ärzte und Krankenhausapotheker wünschenswert. Kurz nach der Zulassung sind oftmals noch nicht alle relevanten Studien publiziert und Vergleiche mit der Standardtherapie sind eher indirekt. Auch wenn die Arzneimittelkosten nicht das Arzneimittelbudget der GKV tangieren, schlagen sie dennoch zu Buche. Sie können bei unkritischem Einsatz im Falle der Antibiotika zu rascher Resistenzentwicklung und damit höherer Morbidität, Mortalität und höheren Kosten führen und erhöhen auf alle Fälle die Tagestherapiekosten im Krankenhaus. Manche teure Arzneistoffe im stationären Sektor können über Zusatzentgelte den Krankenversicherungen in Rechnung gestellt werden und belasten auf diese Weise sehr schnell die Krankenkassen.

3. Zusammenfassung und Fazit

Vordringlich befassen sich G-BA und IQWiG, die pharmazeutische Industrie und die Kostenträger vorwiegend mit der frühen Nutzenbewertungen nach § 35a SGB V ambulant verordneter Wirkstoffe und haben bisher für ein solch (für

Deutschland) neues Verfahren einige Hürden genommen und Erfahrungen gesammelt. Das Verfahren befindet sich in einem Lernprozess, in welchem alle Beteiligten nachjustieren müssen. Die Ergebnisse der vorliegenden Evaluationen sind klinisch-pharmakologisch nachvollziehbar und es ist bisher nicht erkennbar, dass deutsche Patienten Schaden erleiden. Es zeigt sich auch, dass wirklich innovative Arzneistoffe mit Zusatznutzen für Patienten im Vorteil sind. Das Verfahren stößt bereits jetzt an Grenzen, wenn mehr oder weniger indirekt der Bestandsmarkt tangiert ist, wie beispielsweise bei den Gliptinen. Bewertungen des Zusatznutzens einiger Arzneistoffe im Bestandsmarkt wurden am 18. April 2013 angekündigt und sollen Ungerechtigkeiten bei zeitlichen Unterschieden der Bewertung von Arzneistoffen derselben oder vergleichbarer Wirkstoffklassen beseitigen. Dies wiederum ist aus medizinischer Sicht besser nachvollziehbar, als die vorher stark kritisierte Bewertung nur eines oralen Antidiabetikums aus der Klasse der DPPV-Inhibitoren (vergl. Korzilius H. 2013). Die langfristigen medizinischen Konsequenzen der frühen Nutzenbewertung, wenn dadurch beispielsweise das europäische Preisgefüge tangiert wird oder die Motivation der pharmazeutischen Industrie bestimmte Wirkstoffe zu erforschen - oder auch nicht - beeinflusst wird, sind derzeit nur sehr schwer abschätzbar (vergl. Gantner T. 2013, [1] Cassel D. & Ulrich V.).

Literatur

- Bekkering G.R. & Kleijnen J. (2008) Procedures and methods of benefit assessments for medicines in Germany. Eur J Health Econ 9 (Suppl 1): S5–S29
- Cassel D. & Ulrich V. (2012) Herstellerabgabepreise auf europäischen Arzneimittel-märkten als Erstattungsrahmen in der GKV-Arzneimittelversorgung Zur Problematik des Konzepts internationaler Vergleichspreise. http://www.vfa.de/de/presse/gutachten-studien (letzter Zugriff am 10.5.2013).
- Fricke U., Klaus W. (1987) Neue Arzneimittel 1986/87. Fortschritte für die Arzneimitteltherapie? Wissenschaftliche Verlagsgesellschaft mbH, Stuttgart.
- Gantner T. (2013) Das AMNOG aus Sicht der pharmazeutischen Industrie. In: Wille E, Knabner K (Hrsg.): Strategien für mehr Effizienz und Ef-

fektivität im Gesundheitswesen. Peter Lang GmbH Internationaler Verlag der Wissenschaften, Frankfurt a.M.: 155-167.
- Hess R. (2013) Die Aufgaben des G-BA im Rahmen des AMNOG. In: Wille E, Knabner K (Hrsg.): Strategien für mehr Effizienz und Effektivität im Gesundheitswesen. Peter Lang GmbH Internationaler Verlag der Wissenschaften, Frankfurt a.M.: 145-153.
- Joppi R. et al. (2009) Orphan drug development is not taking off. Br J Clin Pharmacol 67: 494–502.
- Korzilius H. (2013) Bestandsmarkt wird geprüft. Dtsch Arztebl 110: A860.
- Nink K. et al. (2012) Ein Jahr frühe Nutzenbewertung. Das IQWiG zieht Bilanz. GGW 12(4): 18-24. http://www.ema.europa.eu/ema/index.jsp?curl=pages/medicines/human/medicines/002097/human_med_001432.jsp&mid=WC0b01ac058001d124 (letzter Zugriff 10.5.2013).
- Schott G., et al. (2010) Finanzierung von Arzneimittelstudien durch pharmazeutische Unternehmen und die Folgen. Dtsch Arztebl Int107: 279–285.
- Schwabe U. (2012a) Arzneiverordnungen 2011 im Überblick. In: Schwabe U, Paffrath D (Hrsg.): Arzneiverordnungs-Report 2012. Springer-Verlag, Heidelberg: 3-42.
- Schwabe U. (2012b) Nutzenbewertung von Arzneimitteln. In: Schwabe U, Paffrath D (Hrsg.): Arzneiverordnungs-Report 2012. Springer-Verlag, Heidelberg: 127-165.
- Thürmann P.A. (2013) Weniger wäre tatsächlich mehr - die Arzneimittelversorgung alter Menschen. Z Evid Fortbild Qual Gesundh wesen 107:148-152.
- Windeler J. et al. (2010) Zu guter Letzt ist alles selten. Dtsch Arztebl 107: A2032-A2033.
- Windish D., et al. (2007) Medicine residents' understanding of the biostatistics and results in the medical literature. JAMA 298: 1010-1022.
- Zentner A. et al. (2012) Nutzenbewertung von Arzneimitteln. Wie viel Europa darf es sein? Dtsch Arztebl 109: A358-A359.

Das AMNOG- ein hervorragendes Gesetz!?

Detlef Böhler

1. Was zeichnet ein hervorragendes Gesetz aus?

Bei der Bewertung eines Gesetzes wird es immer subjektive Betrachtungen der betroffenen Marktteilnehmer vor allen Dingen zu den Konsequenzen des Gesetzes geben. Lob und Kritik liegen immer sehr eng beieinander. Auch bei dem 2011 eingeführten Arzneimittelneuordnungsgesetz macht sich dies deutlich bemerkbar, denn das AMNOG hat sehr elementare Auswirkungen auf die pharmazeutische Industrie, die Apotheken und den Großhandel. Die Krankenkassen profitieren jedoch von diesem Gesetz. Insofern existieren unterschiedliche Sichtweisen.

2. Was bedeutet das AMNOG für die Krankenkassen?

Betrachtet man die gesetzgeberische Historie bezüglich der Ausgabenentwicklung im Arzneimittelbereich, so wird klar, dass die Thematik des AMNOG nicht neu ist. Im letzten Jahrzehnt gab es fast jedes Jahr eine gesetzgeberische Maßnahme zu diesem Thema, was die hohe Dynamik in diesem Bereich verdeutlicht.

Man hat sich mit Einführung dieses neuen Gesetzes eine große Kostendämpfung im Bereich der Arzneimittel versprochen und wollte damit primär die Krankenkassen in diesem Bereich entlasten. Erreicht werden soll dies durch zeitlich befristete „Sparbeiträge" der Marktteilnehmer und langfristig angelegte Systemänderungen durch Zusatznutzenbewertungen von Arzneimitteln und dem Ende der automatischen Kostenübernahme von frei festgesetzten Arzneimittelpreisen in Deutschland. Aus dem Blick der Krankenkassen wurde somit ein Gesetz geschaffen, wovon sie klar profitieren.

3. Was sind die Inhalte des AMNOG?

Befasst man sich mit den großen Regelungsinhalten des AMNOG, haben sich die Rahmenbedingungen insgesamt, aber auch für das selektivvertragliche Handeln zwischen Krankenkassen und pharmazeutischer Industrie maßgeblich gewandelt. Nachstehend wird auf die hierfür maßgebenden Bestimmungen eingegangen.

3.1. Neudefinition der Aut-Idem-Fähigkeit

Die Bestimmungen zur Abgabe von Arzneimitteln und insbesondere zur Substitution von Arzneimitteln in der Apotheke sind durch die Neudefinition erheblich aufgeweicht worden. Nach der Einführung ist nun geregelt worden, dass „bei der Abgabe eines Arzneimittels die Apotheken ein Arzneimittel abzugeben haben, das mit dem verordneten in Wirkstärke und Packungsgröße identisch ist, aber nur noch für **ein gleiches Anwendungsgebiet** zugelassen ist und die gleiche oder eine austauschbare Darreichungsform besitzt; als identisch gelten dabei Packungsgrößen mit dem gleichen Packungsgrößenkennzeichen".

Diese Regelung unterstützt maßgeblich Rabattverträge zu generischen Substanzen, denn dadurch wurde die Austauschbarkeit von Medikamenten klar unterstützt, wodurch Rabattprodukte viel leichter und schneller abgegeben werden können.

Es kann jedoch zum Akzeptanzverlust bei Patienten, Ärzten und Apothekern kommen, denn das abgegebene Medikament muss nicht mehr zwingend mit der Indikation des Patienten übereinstimmen.

3.2. Bestandsmarkt

In mehreren Bereichen des Bestandsmarktes kam es zu erheblichen Änderungen durch das neue Gesetz. Bei den nicht festbetragsgebundenen Arzneimitteln und Importen ist das Produkt durch Apotheken abzugeben, welches einen Rabattvertrag mit der Krankenkasse hat, ungeachtet dessen, ob es ein Importarzneimittel oder ein Originalprodukt ist. Somit werden Importeure mit Originalarzneimittel-Herstellern gleichgestellt. Es wurde damit ein entscheidender Hebel für Rabattverträge im patentgeschützten Bereich geschaffen.

Darüber hinaus wurde die Zusatznutzenbewertung für auch für Bestandsmarktprodukte ermöglicht. Der Gemeinsame Bundesausschuss (G-BA) kann unter Beachtung verschiedener Kriterien zu einer entsprechenden Bewertung aufrufen. Nach der Bewertung wird ein zukünftiger Erstattungspreis auch für Bestandsprodukte vereinbart

Im Bereich der integrierten Versorgung können die pharmazeutischen Unternehmen als Vertragspartner formell mit einbezogen werden, was eigentlich in der Praxis nichts Neues ist.

Die integrierte Versorgung ist immer auf Teile von Leistungserbringern, Versicherten und Regionen beschränkt. Dies führt automatisch zu einer Zersplitterung von Leistungspotentialen und Märkten des pharmazeutischen Unternehmens.

3.3. Neumarkt

Die größte Veränderung des Systems durch das AMNOG gibt es eindeutig im Bereich des Neumarktes. Das Gesetz hat den Sinn und Zweck neue Arzneimittel und Indikationserweiterungen bei neuen Arzneimitteln hinsichtlich ihres Zusatznutzens zu bewerten und preislich zu regulieren. Die pharmazeutischen Unternehmen können zwar nach wie vor den Preis bei Neueinführung im patentgeschützten Bereich selbst festlegen, aber sie müssen gleichzeitig dem G-BA ein Dossier vorlegen, welches den Zusatznutzen ihres neuen Medikaments im Vergleich zur Standardtherapie belegt. Die „frühe" Zusatznutzenbewertung erfolgt durch den G-BA.

Wird kein Zusatznutzen im Vergleich zur zweckmäßigen Vergleichstherapie festgestellt, so wird das Medikament in eine vorhandene Festbetragsgruppe eingeordnet. Gibt es keine Festbetragsgruppe so verhandelt der GKV-Spitzenverband mit dem pharmazeutischen Unternehmer einen Erstattungsbetrag, der nicht über den Jahrestherapiekosten der Vergleichstherapie liegen darf.

Wird ein Zusatznutzen festgestellt, gehen der GKV-Spitzenverband und das pharmazeutische Unternehmen in Verhandlungen um den Zuschlag auf die zweckmäßige Vergleichstherapie.

Aus Sicht der Krankenkassen sind die Preisregulierung und die Kosten-Nutzenbewertung für neue Arzneimittel zum Markteintritt längst überfällig und sind zu begrüßen. Es wird erstmals das Preismonopol der pharmazeutischen Industrie bezüglich neuer Arzneimittel angegangen.

Pharmazeutische Unternehmen und Kassen können nach Verhandlung mit dem GKV-Spitzenverband Bund ergänzende oder ablösende individuelle Vereinbarungen schließen.

Diese Selektivverträge bieten Chancen, aber auch nicht unerhebliche Hürden. Als Chancen ist u.a. die Optimierung der Versorgungssituation von Patienten, die Generierung von Echtdaten der Patientenkarriere und die Gewinnung von Daten für Nutzen bzw. Kosten-Nutzen-Bewertung, zu nennen.

Kritisch zu hinterfragen ist jedoch, ob der Aufwand einer entsprechenden Regelung hinsichtlich Kosten und Nutzen immer für beide Seiten gegeben ist und ob der Vertragsaufwand und insgesamt gerechtfertigt erscheint. Fakt ist, dass die Krankenkassen über den Erstattungspreis hinausgehende Rabatte erwarten.

Diese Verträge und Vereinbarungen ggf. in Verbindung mit Verträgen zur integrierten Versorgung sind strukturell nicht trivial. Erfolge könne nicht ad hoc erzielt werden und die Verträge müssen mit Leben gefüllt werden.

4. Fazit

Zusammenfassend zeigt das AMNOG Licht und Schatten. Selektivverträge zwischen den Krankenkassen und der pharmazeutischen Industrie sind weiterhin möglich, aber auch notwendig. Das AMNOG stärkt und fördert das selektive Handeln insbesondere im Generika-Rabattbereich.

Unverzichtbar ist die eingeführte Preisregulierung bei patentgeschützten Arzneimitteln. Dabei stellt das AMNOG ein gut gemeintes Experiment einer konsensualen Preisregulierung mit der Industrie dar. Es wird sich aber zukünftig zeigen, ob diese Regulierung sich dauerhaft durchsetzen wird und Erfolg hat.

Ob die Systemänderungen die monetäre Kompensation nach Auslaufen der temporären Maßnahmen wie Zwangsrabatte und Preismoratorium zum

31.12.2013 bringen wird, erscheint fraglich. Insofern bleibt abzuwarten, ob 2014 nicht weitere gesetzgeberische Maßnahmen zur Arzneimittelausgabendämpfung erfolgen werden.

Erfahrungen mit den AMNOG-Preisverhandlungen aus Sicht der pharmazeutischen Industrie

Hedwig Silies

1. Preisverhandlungen nach AMNOG – Gesetzliche Rahmenbedingungen

Mit dem Arzneimittelmarkt-Neuordnungsgesetz vom 22.12.2010 hat der Gesetzgeber die Rahmenbedingungen für die Preisbildung und -erstattung von Arzneimitteln radikal geändert. Erstmalig in der deutschen Sozialgesetzgebung werden die Arzneimittelerstattungspreise von den Krankenkassen über ihren nationalen gemeinsamen Verband wesentlich mitbestimmt. Nach § 130 b SGB V werden de facto seit dem 01.01.2012 Vereinbarungen zwischen dem Spitzenverband Bund der Krankenkassen und dem pharmazeutischen Unternehmen über den Erstattungsbetrag für Arzneimittel getroffen. Die Grundlage hierzu ist der Nutzenbewertungsbeschluss des Gemeinsamen Bundesausschusses nach § 35a (3) SGB V. Der Erstattungsbetrag wird als Rabatt auf den Abgabepreis des pharmazeutischen Unternehmens vereinbart (s. Abb. 1).[1]

Abbildung 1: Preisverhandlungen nach AMNOG – Die gesetzlichen Rahmenbedingungen nach § 130 b SGB V[2]

Preisverhandlungen nach AMNOG
Gesetzliche Rahmenbedingungen (I)

§ 130b SGB V
Vereinbarungen zwischen dem SpiBu der Krankenkassen und pU über Erstattungsbeträge für Arzneimittel

1) Der Spitzenverband Bund der Krankenkassen vereinbart mit pharmazeutischen Unternehmern im Benehmen mit dem Verband der privaten Krankenversicherung auf Grundlage des Beschlusses des Gemeinsamen Bundesausschusses über die Nutzenbewertung nach § 35a Absatz 3 mit Wirkung für alle Krankenkassen Erstattungsbeträge für Arzneimittel, die mit diesem Beschluss keiner Festbetragsgruppe zugeordnet wurden. Der Erstattungsbetrag wird als **Rabatt auf den Abgabepreis** des pharmazeutischen Unternehmers vereinbart.

2) Eine Vereinbarung nach Absatz 1 soll vorsehen, dass Verordnungen des Arzneimittels von der Prüfungsstelle als **Praxisbesonderheiten** im Sinne von § 106 Absatz 5a anerkannt werden, wenn der Arzt bei der Verordnung im Einzelfall die dafür vereinbarten Anforderungen an die Verordnung eingehalten hat.

3) Für ein Arzneimittel, das nach dem Beschluss des Gemeinsamen Bundesausschusses nach § 35a Absatz 3 **keinen Zusatznutzen** hat und **keiner Festbetragsgruppe** zugeordnet werden kann, ist ein Erstattungsbetrag nach Absatz 1 zu vereinbaren, der **nicht zu höheren Jahrestherapiekosten** führt als die nach § 35a Absatz 1 Satz 7 bestimmte zweckmäßige Vergleichstherapie.

4) Kommt eine Vereinbarung nach Absatz 1 oder 3 nicht innerhalb von sechs Monaten nach Veröffentlichung des Beschlusses nach § 35a Absatz 3 oder nach § 35b Absatz 3 zustande, setzt die **Schiedsstelle** nach Absatz 5 den Vertragsinhalt innerhalb von drei Monaten fest.

8) Nach einem Schiedsspruch nach Absatz 4 kann jede Vertragspartei beim Gemeinsamen Bundesausschuss eine **Kosten-Nutzen-Bewertung nach § 35b** beantragen.

Quelle: SGB V § 130 b

In einer gemeinsam ausgehandelten Rahmenvereinbarung treffen die zuständigen Verbände die Maßstäbe für die Preisverhandlungen (s. Abb. 2).

Abbildung 2: Preisverhandlungen nach AMNOG – Die Rahmenvereinbarung nach § 130 b (9) SGB V

Preisverhandlungen nach AMNOG
Gesetzliche Rahmenbedingungen (II)

Rahmenvereinbarung nach § 130b Abs. 9 SGB V
Präambel:
„Der GKV-Spitzenverband und die für die Wahrnehmung der wirtschaftlichen Interessen gebildeten maßgeblichen Spitzenorganisationen der pharmazeutischen Unternehmer auf Bundesebene treffen nach § 130B(9) SGB V folgende Rahmenvereinbarung über die Maßstäbe für Vereinbarungen nach § 130 b Abs. 1 SGB V."

- Es sind **vier Verhandlungstermine** angesetzt, die **innerhalb von 6 Monaten** nach Beschlusses des G-BA über die Nutzenbewertung abgeschlossen sind.
- Es besteht **Mitteilungspflicht** des pU über den tatsächlichen **Abgabepreis in anderen europäischen Ländern** (Liste Anlage 2).
- Die Vereinbarung soll vorsehen, dass Verordnungen von der Prüfstelle als **Praxisbesonderheit** anerkannt werden.
- Bei einem Arzneimittel mit Zusatznutzen wird der Erstattungsbeitrag durch einen **Zuschlag auf die Jahrestherapiekosten der zweckmäßigen Vergleichstherapie** beschlossen. Der Zuschlag richtet sich nach dem im Beschluss des G-BA festgestellten Ausmaß des Zusatznutzens.
- Die Vertragsparteien können die Vereinbarung frühestens nach **einem Jahr kündigen**.
- Die Inhalte der Vertragsverhandlungen sowie die in die Vertragsverhandlungen eingebrachten Informationen und Unterlagen sind **vertraulich**.

Quelle: Rahmenvereinbarung nach § 130 (9) SGB V vom 19.03.2012

Die Ziele, die der Gesetzgeber mit dieser Gesetzesänderung verfolgt, sind anspruchsvoll und beinhalten neben Kosteneinsparzielen von ca. 2 Mrd. € gesundheitspolitische und industriepolitische Ziele:

1. Den **Patienten** sollen im Krankheitsfall die **besten und wirksamsten Arzneimittel** zur Verfügung stehen.
2. Die Arzneimittelpreise und –verordnungen sollen **wirtschaftlich und kosteneffizient** sein.
3. Verlässliche Rahmenbedingungen für Innovationen, Versorgung der Versicherten und **Sicherung der Arbeitsplätze** sollen geschaffen werden.

Der Zusatznutzen des AMNOG wird erwartungsgemäß sehr unterschiedlich von den Beteiligten im Gesundheitswesen bewertet. Grundsätzlich sind sich alle

Beteiligten einig, dass für Arzneimittel mit Zusatznutzen faire Preise gezahlt werden sollen. BMG, G-BA und GKV-SV verkünden „AMNOG funktioniert", die Pharmazeutische Industrie trägt wesentlich zur gesetzeskonformen Umsetzung des AMNOG bei, sieht dennoch in wesentlichen Punkten Weiterentwicklungsbedarf.[3]

Belege, ob die drei Ziele, die das Bundesgesundheitsministerium mit dem AMNOG festgelegt hat, erreicht werden, gibt es bislang nicht.

Erste Änderungen sind mit der sog. 2 AMG-Novelle umgesetzt, weitere Hinweise und Stellungnahmen liegen vor. Die Erfahrungen zu den Preisverhandlungen aus Sicht der pharmazeutischen Industrie, insbesondere am ersten Beispiel von Ticagrelor, werden im Folgenden dargestellt.

2. Preisverhandlungen nach AMNOG - Marktgeschehen

2.1 Aktueller Stand abgeschlossene Preisverhandlungen[i]

Nach gut zwei Jahren konnte von den insgesamt 37 abgeschlossenen Zusatznutzenbewertungen in 20 Fällen eine Einigung zwischen GKV-Spitzenverband und dem entsprechenden Pharmaunternehmen über den Erstattungspreis erzielt werden.[4]

In zwei von den 20 Fällen musste die Schiedsstelle angerufen werden, die eine Entscheidung über den Erstattungsbetrag festlegte (s. Tabelle 1)

---

[i] Die Ausführungen und Informationen beschränken sich aufgrund der vom Gesetzgeber vorgegebenen Vertraulichkeit [§130a (1) SGB V] der Verhandlungen auf das, was öffentlich zugänglich ist.

Tabelle 1: Überblick über die Arzneimittelpreisverhandlungen (Stand 21.03.13)

Nr	Arzneimittel-name	Pharm. Unternehmen	Indikation	Umsetzungs-beginn
1	Brilique® (Ticagrelor)	AstraZeneca	Akutes Koronarsyndrom	01.01.2012
2	Eliquis® (Apixaban)	Bristol-Myers Squibb/ Pfizer Pharma GmbH	Verbeugung von Thrombosen nach Hüft- oder Kniegelenksersatzoperationen	15.06.2012
3	Esbriet® (Pirfenidon)	InterMune Deutschland	Leichter bis mittelschwerer Lungenfibrose	15.09.2012
4	Gilenya® (Fingolimod)	Novartis Pharma	Multipler Sklerose (RR-MS)	15.04.2012
5	Halaven® (Eribulin)	Eisai	lokal fortgeschrittenem oder metastasiertem Brustkrebs	01.05.2012
6	Incivo® (Telaprevir)	Janssen-Cilag	Chronischen Hepatitis C	15.10.2012
7	Jevtana® (Cabazitaxel)	Sanofi-Aventis	Metastasiertem fortgeschrittenem Prostatakrebs	15.04.2012
8	Rapiscan® (Regadenoson)	Rapidscan Pharma Solution	Diagnostikum bei nuklearmedizinischen Untersuchung des Herzens	15.04.2012
9	Victrelis® (Boceprevir)	MSD Sharp & Dohme	Chronische Hepatitis C	01.09.2012
10	Vyndaqel® (Tafamidis Meglumin)	Pfizer	Orphan Drug Transthyretin-Amyloidose	15.12.2012
11	Yellox® (Bromfenac)	Dr. Gerhard Mann	Grauer Star, Katarakt	01.08.2012
12	Zytiga® (Abirateronacetat)	Janssen-Cilag	Metastasierter fortgeschrittener Prostatakrebs	01.10.2012
13	Benlysta® (Belimumab)	GlaxoSmithKline	Lupus erythematodes (SLE)	01.08.2012
14	Edurant® (Rilpivirin)	Janssen-Cilag	HIV-1	15.01.2013
15	Eviplera® (Emtricitabin/Rilpivirin/Tenofovirdisoproxil)	Gilead Sciences	HIV-1	15.01.2013
16	Nulojix® (Belatacept)	Bristol-Myers Squibb	Transplantation	15.07.2012
17	Yervoy® (Iplimumab)	Bristol-Myers Squibb	Melanom (Schwarzer Hautkrebs)	01.08.20012
18	Fampyra® (Fampridin)	Biogen Idec	Multiple Sklerose (MS)	01.09.2012
19	Trobalt® (Retigabin)	Kohlpharma GmbH (Importeur)	Epilepsie	15.05.2012 durch die Schiedsstelle
20	Sativex® (Extrakt aus Cannabis sativa)	Almirall Hermal GmbH	Mittelschwere bis schwere Spastik aufgrund von Multipler Sklerose (MS)	01.07.2012 durch die Schiedsstelle

Quelle: GKV-SV, eigene Darstellung

Seit 1. Februar 2013 werden die Erstattungsbeträge als zu gewährende Rabatte an die Informationsstelle für Arzneispezialitäten GmbH (IFA) gemeldet und stehen somit den Informationssystemen des Handels zur Verfügung. Eine erste Auswertung der kumulierten Rabatte für Arzneimittel mit Zusatznutzen weist auf Gesamtrabatte von näherungsweise 16% und 36% hin.[5,6] Eine Korrelation zu Ausmaß (beträchtlich / gering / nicht quantifizierbar) und Wahrscheinlichkeit (Beleg / Hinweis / Anhaltspunkt) ist derzeit nicht erkennbar. Das überrascht den aufmerksamen Beobachter nicht weiter, da der Nutzenbewertungsbeschluss zwar ein wesentliches Kriterium für die Preisverhandlung ist, aber nicht das einzige. Die Höhe der tatsächlichen Abgabepreise in anderen europäischen Ländern und die Jahrestherapiekosten vergleichbarer Arzneimittel werden bei den Verhandlungen ebenfalls berücksichtigt (SGB V § 130 b (9)).

Praxisbesonderheiten, die der Gesetzgeber in §130 b (2) SGB V als „Soll"-Vorschrift vorgesehen hat, sind lediglich in drei von 20 Verhandlungen vereinbart worden.[7]

2.2 Ergebnisse der ersten Preisverhandlung von Ticagrelor (Brilique®)

Die Eckpunkte der ersten Verhandlung zu Ticagrelor (AstraZeneca) wurden in einer gemeinsamen Pressemitteilung mit dem GKV-SV veröffentlicht.[8] Hervorzuheben sind folgende Punkte:

- Der Erstattungspreis für Ticagrelor in Deutschland liegt im Vergleich mit den Abgabepreisen anderer europäischer Länder durchschnittlich unter dem europäischen Durchschnittspreis.
- Im Vergleich zu anderen europäischen Länder, in denen Ticagrelor in der Gesamtindikation „Akutes Koronarsyndrom" empfohlen wird, beschränkt sich der vom GBA beschlossene Zusatznutzen auf ca. 80% der Gesamtpopulation („patient slicing").
- Mit 1.160 Patienten[9] von insgesamt weltweit 18.624 Patienten wurden in Deutschland bemerkenswert viele Personen in die klinische Studie (PLATO) zu Ticagrelor einbezogen.[10] Die F&E-Investitionen werden offensichtlich nicht in den Preisverhandlungen berücksichtigt.
- Ticagrelorverordnungen in den Zusatznutzen-Indikationen wurden als AMNOG-Praxisbesonderheit vereinbart.[11]

Abbildung 3: Ergebnisse der ersten Preisverhandlung am Beispiel von Ticagrelor

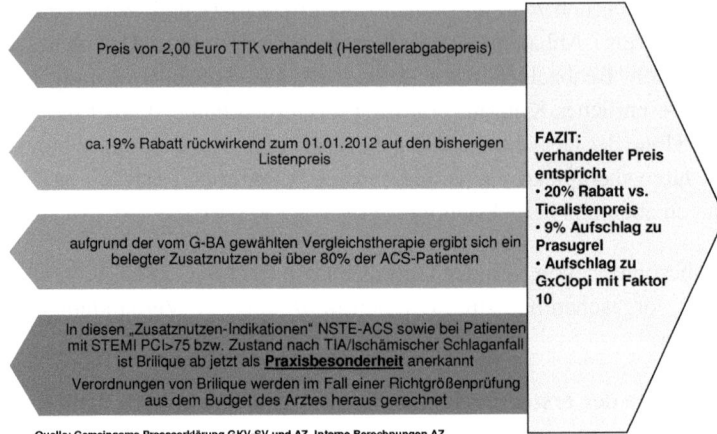

2.3 Umsetzung der AMNOG-Ergebnisse in die Patientenversorgung

Aus Sicht aller Beteiligten wäre es wünschenswert, dass Patienten mit entsprechender Indikation die neuen Arzneimittel mit Zusatznutzen (gemäß GBA-Beschluss) und vereinbartem Preis von ihrem behandelnden Arzt verordnet bekommen. Es ist davon auszugehen, dass die Verordnung in diesen Fällen wirtschaftlich ist. Am Beispiel von Ticagrelor ist festzustellen, dass etwa zwei Jahre nach Markteinführung nur einer von zehn Patienten mit entsprechender Indikation das Arzneimittel mit beträchtlichem Zusatznutzen erhält, d.h. neun von zehn Patienten haben keinen Zugang zu der Arzneimitteltherapie mit beträchtlichem Zusatznuten und fairem Preis . Ob dieses ein Einzelfall und anhaltend ist oder sich anhand von Verordnungsdaten anderer AMNOG-Arzneimittel und über den zeitlichen Verlauf bestätigen lässt, ist aufgrund fehlender Versorgungsdaten zum jetzigen Zeitpunkt noch nicht feststellbar. Bekannt ist, dass die Innovationsdiffusion von Arzneimitteln in Deutschland im europäischen Vergleich langsam ist und der Verordnungsanteil patentgeschützter Arzneimittel mit 6% in 2011 vergleichsweise gering.[12]

Beim Praxischeck zur Fragestellung, ob die AMNOG-Ergebnisse in der Versorgung ankommen, gibt es zahlreiche Hinweise auf regionale Unterschiede. Die Maßnahmen zur regionalen Arzneimittelsteuerung, die dazu beitragen, dass AMNOG-Ergebnisse in die Verordnungspraxis Eingang finden, weisen ebenfalls Unterschiede auf. In Abbildung 4 ist beispielhaft eine Situationsbeschreibung 22 Monate nach Markteinführung dargestellt.

Abbildung 4: Vom Preis zur Versorgung

Kommt das AMNOG-Ergebnis in der Versorgung an?

Fall Ticagrelor - Rückblick Oktober 2012

Maßnahmen	Status	
Information im Bundesanzeiger	erledigt	
Hinweis in der Praxissoftware	fehlt noch	
Information der KVen an ihre Vertragsärzte (§135 SGB V)	zum Teil erledigt	
Information der Ärzte durch den Pharmaaußendienst	erledigt	
Information durch die Krankenkassen (s. Homepage GKV-SV)	erledigt	
Aufnahme in Rahmenvereinbarung KBV/GKV-SV…	???	**Fast 2 Jahre nach Markteinführung:** Etwa einer von 10 Patienten mit NSTEMI/IA erhält Ticagrelor mit beträchtlichen Zusatznutzen …
Berücksichtigung in den regionalen Arzneimittelvereinbarungen	???	

Quelle: AZ interne Recherche, Stand Oktober 2012

3. Diskussion

Die oben beschriebenen Ergebnisse, insbesondere die Anzahl der Vertragsabschlüsse, werden von einigen Beteiligten im Gesundheitssystem als Hinweis herangezogen, dass das AMNOG funktioniert und Interessensausgleich stattfindet.

Aus Sicht der pharmazeutischen Industrie fehlt für diese Frühbewertung des AMNOG die notwendige und ausreichende Evidenz, insbesondere in Bezug auf die Folgewirkungen der Versorgung in Deutschland. Hier sind die Ergebnisse der AMNOG-Begleitforschung abzuwarten.

Gleichzeitig gibt es auch nach den ersten Änderungen im AMNOG mit der 2. AMG-Novelle weitere Hinweise, die aus Sicht der pharmazeutischen Industrie Nachjustierungen erforderlich machen.

3.1 Interessensausgleich durch Strukturmaßnahmen optimieren

Als Folge der Preisverhandlungen nach §130b SGB V werden die Erstattungspreise somit nicht mehr von den Pharmaunternehmen unter marktwirtschaftlichen Aspekten festgelegt, sondern erstmalig nach Zusatznutzenbewertung durch GBA zwischen GKV und Pharmaunternehmen verhandelt. Bemerkenswert ist in diesem Zusammenhang, dass die GKV an der **Festsetzung** der zweckmäßigen Vergleichstherapie und der **Bewertung einschließlich Beschlussfassung** und der **Preisverhandlung** beteiligt ist, wohingegen das betroffene Pharmaunternehmen und auch die pharmazeutische Industrie als Interessensvertreter die gewünschten Unterlagen zusammenstellen dürfen, Stellung nehmen dürfen und verhandeln dürfen. Dieses führt dazu, dass die Interessen der GKV stärker in den AMNOG-Prozess eingebracht werden können. Diese Beteiligungsrechte und -pflichten führen aus Sicht der pharmazeutischen Industrie nicht zu einer ausgeglichenen Interessenslage.

Lösungsansatz: Aus Sicht der pharmazeutischen Industrie wäre die Möglichkeit für einen besseren Interessensausgleich gegeben, wenn Bewertungs- und Verhandlungsprozess nicht nur zeitlich, sondern auch personell getrennt wären und der Bewertungsprozess inkl. Beschlussfassung wissenschaftlicher ausgerichtet würde. Dieses wäre beispielsweise durch die Schaffung eines Appellationsausschusses nach Bewertung und vor Beschlussfassung unter Fachexperteneinbindung möglich.

3.2 AMNOG-Praxisbesonderheiten in die Versorgung einführen

Am Beispiel von Ticagrelor ist festzustellen, dass die Innovationsdiffusion trotz positivem ANMOG-Ergebnis langsam ist. Wünschenswert wäre eine verbesserte Versorgung in dem Sinne, dass alle Patienten die Arzneimittel mit Zusatznutzen und verhandeltem Preis erhalten (Sicherstellung einer wirtschaftlichen Versorgung unter Vermeidung von Über- und Unterversorgung).

Lösung: Es muss sichergestellt werden, dass die Ärzte durch geeignete Maßnahmen (Rahmenempfehlung, Informationsschreiben durch die Kassenärztlichen Vereinigungen, Krankenkassen, Dokumentation in Praxissoftware etc.) über die AMNOG-Praxisbesonderheiten informiert sind. Praxisbesonderheiten sollten nicht Gegenstand von Richtgrößenprüfungen sein. Auf diese Weise entfällt die Nachfrageregulierung. An ihre Stelle tritt eine Angebotssteuerung per AMNOG. Die Doppelregulierung entfällt bei konsequenter Vereinbarung und Umsetzung von AMNOG-Praxisbesonderheiten.

3.3 Arzneimittelregulierung auf ein zweckmäßiges Maß konzentrieren

Der Aufwand insbesondere für Pharmaunternehmen, GBA und GKV-SV hat durch die Einführung des AMNOG deutlich zugenommen (z.b. Dossiererstellung, Ressourcen für Bewertung & Verhandlung). Gleichzeitig ist die vielseits angekündigte Deregulierung der Arzneimittelversorgung nicht umgesetzt worden (Einschränkung Richtgrößenprüfungen und Wirtschaftlichkeitsprüfungen, Wegfall Reimportförderklausel)

Lösungsansatz: Patienten mit entsprechender Indikationsstellung sollten innovative Arzneimittel, die einen Zusatznutzen und einen fairen vereinbarten Preis aufweisen, erhalten. Bei regionaler Unterversorgung bzw. langsamer Innovationsdiffusion muss durch geeignete Maßnahmen eine wirtschaftliche Arzneimittelversorgung sichergestellt werden.

3.4 Vergleichen, was vergleichbar ist, oder „Nicht Äpfel mit Birnen vergleichen"

In Anlage 2 zur Rahmenvereinbarung nach § 130 b SGB V sind europäische Länder für den Preisvergleich aufgeführt, deren Vergleich insofern problematisch ist, da sich die Versorgungssituation, die Einkommensverhältnisse, die wirtschaftliche Situation und andere Kenngrößen deutlich von der in Deutschland unterscheidet.

Lösung: Länderliste beschränken auf mit Deutschland vergleichbare europäische Länder. Modell der internationalen Referenzierung unter versorgungspolitischen Aspekten erneuter Prüfung unterwerfen (AMNOG-Begleitforschung).

4. Fazit und Ausblick

Durch die Verhandlungen von Erstattungsbeträgen und die schnellere Einbeziehung neuer Arzneimittel in das Festbetragssystem sollen 2 Mrd. € im GKV-Arzneimittelsektor eingespart werden.

Zu prüfen ist im so titulierten „lernenden System", in welchem Umfang diese Forderung angesichts der positiven Bilanz der GKV-Finanzsituation und der stabilen Arzneimittelausgaben aufrecht zu erhalten ist und ob die gewünschte Balance nach gut zwei Jahren AMNOG mit einem höheren Commitment zu Innovationen seitens aller Beteiligter besser erreicht werden kann. Ein gemeinsames Interesse aller Beteiligten ist es auch gut zwei Jahren nach AMNOG-Einführung, Arzneimittel mit Zusatznutzen zu fairen Preisen den Patienten zur Verfügung zu stellen.

Literaturverzeichnis

[1] Sozialgesetzbuch (SGB) Fünftes Buch (V) – Gesetzliche Krankenversicherung §130 b
[2] http://www.bmg.bund.de/krankenversicherung/arzneimittelversorgung/ arzneimittelmarktneuordnungsgesetz-amnog/hintergrund-zum-gesetz.html
[3] Stellungnahme für das Bundesministerium für Gesundheit zu den Erfahrungen der forschenden Pharmaunternehmen mit dem Arzneimittelmarktneuordnungsgesetz (AMNOG) vom 06.03.2013.
[4] http://www.gkv-spitzenverband.de/krankenversicherung/arzneimittel/rabatt_verhandlungen_nach_amnog/erstattungsbetragsverhandlungen_nach___130b_sgb_v/erstattungsbetragsverhandlungen_nach___130b_sgb_v_vl.jsp , Stand 21.03.13, Zugriff 25.05.2013.
[5] IFA Datenbank, eigene Recherchen.
[6] Arzneitelegramm, blitz-a-t vom 31.01.2013.
[7] http://www.gkv-spitzenverband.de/krankenversicherung/arzneimittel/rabatt_verhandlungen_nach_amnog/praxisbesonderheiten/praxisbesonderheiten.jsp
[8] Gemeinsame Pressemitteilung von GKV-SV und AstraZeneca vom 20.06.2012.
[9] AstraZeneca Daten.
[10] Wallentin L, et al. N Engl J Med. 2009 Sep 10;361(11):1045-57.
[11] http://www.gkv-spitzenverband.de/krankenversicherung/arzneimittel/rabatt_verhandlungen_nach_amnog/praxisbesonderheiten/praxisbesonderheiten.jsp
[12] Vfa statistics 2012, S. 7.

Herstellerabgabepreise auf europäischen Arzneimittelmärkten als Erstattung in der GKV-Arzneimittelversorgung

Volker Ulrich

1. Einleitung

Die Bundesregierung hat im Jahr 2011 mit dem Arzneimittelmarktneuordnungsgesetz (AMNOG) und der AMG-Novelle für das Jahr 2012 neuerliche Reformen der Arzneimittelversorgung in Deutschland auf den Weg gebracht[1]. Einen Handlungsbedarf sieht die Regierung insbesondere bei der Verordnung und Erstattung neuartiger, in der Regel hochpreisiger Arzneimittel. Das AMNOG soll dem hier auftretenden Ausgabenanstieg entgegenwirken, indem es einen Spagat anstrebt zwischen der gewünschten „Value for Money" - Ausrichtung auf der einen Seite und der Schaffung verlässlicher Rahmenbedingungen für Innovationen auf der anderen Seite (Cassel, D. und Zeiner, R. 2010a und b, S. 1858 ff., Cassel, D. 2012, S. 366 ff.). Der Gemeinsame Bundesausschuss (G-BA) hat zudem mit dem Aufruf der Gliptine erstmalig die Nutzenbewertung für Arzneimittel aus dem Bestandsmarkt veranlasst. Es geht um dabei die Wirkstoffe, die zur Behandlung des Diabetes mellitus Typ 2 zugelassen sind.

Nach der neuen Rechtslage muss der Arzneimittelpreis auf der Grundlage einer Nutzenbewertung mit dem GKV-SV verhandelt werden. Der Hersteller soll dazu dem GKV-SV seine tatsächlichen Abgabepreise in anderen europäischen Ländern übermitteln, ohne dass an dieser Stelle bereits eine internationale Preisreferenzierung (IRP) vorgeschrieben ist (§ 130b (1) SGB V). Im Streitfall setzt die Schiedsstelle den Vertragsinhalt fest, sie soll dabei die Höhe der tatsächlichen Abgabepreise in anderen europäischen Ländern berücksichtigen, d. h. ein IRP-Verfahren praktizieren (§ 130b (4) SGB V).

Als Grundlage dient die Höhe der tatsächlichen Abgabepreise in 15 europäischen Ländern (der entsprechende „Länderkorb" enthält Belgien, Dänemark, Finnland, Frankreich, Griechenland, Großbritannien, Irland, Italien, Niederlande, Österreich, Portugal, Schweden, die Slowakei, Spanien und Tschechien). Hinter der Auswahl stecken Bestrebungen, einerseits möglichst viele Einwohner

---

[1] Der Beitrag fasst zentrale empirische Ergebnisse zweier Gutachten für den Verband Forschender Arzneimittelhersteller e.V. und den Bundesverband der Pharmazeutischen Industrie e.V. zusammen (Vgl. Cassel, D. und Ulrich, V. 2012 a und b).

des europäischen Wirtschaftsraums und andererseits auch wirtschaftlich homogene Länder zu erfassen.

Eine inhaltlich und methodisch sachgerechte Bemessung von Erstattungsbeträgen in Deutschland auf der Grundlage internationaler Vergleichspreise sollte anhand geeigneter Vergleichskriterien und -verfahren erfolgen. Dabei kann es nicht nur um die Perspektive der Kostendämpfung bei den GKV-Arzneimittelausgaben gehen, sondern auch um das von der Bundesregierung mit dem AMNOG verfolgte Ziel, „… verlässliche Rahmenbedingungen für Innovationen, die Versorgung der Versicherten und die Sicherung der Arbeitsplätze …" zu schaffen (Gesetzesbegründung vom 11.11.2010). Angesichts der bestehenden internationalen Preisunterschiede versuchen bislang hochpreisige Länder, ihre Arzneimittelpreise ebenfalls abzusenken, vorzugsweise mit Arzneimittelimporten aus Niedrigpreisländern (Parallel- und Reimporte) einerseits und der Bezugnahme auf Niedrigpreisländer bei der internationalen Preisreferenzierung andererseits. In beiden Fällen droht ein Kellertreppen-Effekt. Er könnte leicht die Herstellerabgabepreise in Richtung auf die Grenzkosten der Produktion absenken und zu Verlusten führen, da die totalen Durchschnittskosten üblicherweise, aufgrund global anfallender F&E-Kosten, über den Grenzkosten der Produktion liegen.

Internationale Preisvergleiche führen jedoch nur unter der Voraussetzung weitgehend homogener Verhältnisse in den einzelnen Ländern zu sinnvollen Ergebnissen. Vor allem wird ein Kriterienkatalog benötigt, der aus ökonomischer Sicht eine adäquate Länderauswahl bzw. einen aussagefähigen Preisvergleich ermöglicht. Denn Preise für Arzneimittel-Innovationen können in einem öffentlichen Gesundheitswesen auf einer Vielzahl von Einflussfaktoren basieren, etwa dem gesellschaftlichen (Zusatz-)Wert der Innovation, dem Patientennutzen, der Stellung von Arzneimitteln innerhalb des Gesundheitssystems, der vorhandenen Krankheitslast oder ganz grundsätzlich der Zahlungsfähigkeit und Zahlungsbereitschaft einzelner Länder bzw. ihrer Bevölkerung.

Der Beitrag beinhaltet eine empirische Untersuchung zu den Determinanten internationaler Preisdifferenzen bei Arzneimittel-Innovationen. Als Datenbasis steht ein Paneldatensatz mit Preisinformationen von IMS Health (2011) für 13 Länder der EU zur Verfügung. Diese werden um Länderinformationen aus OECD Health Data (2011) und Eurostat (2011) ergänzt.

2. Europäische Preise: AMNOG, Rahmenvereinbarung und Schiedsstelle

Der Gesetzgeber hat Näheres zur Nutzenbewertung in einer Rechtsverordnung (AM-NutzenV) geregelt, die ebenfalls am 1. Januar 2011 in Kraft getreten ist. Auf deren Grundlage hat der G-BA seine Verfahrensordnung ergänzt und darin die Einzelheiten zum Verfahren der Nutzenbewertung nach § 35a SGB V festgelegt. Die Verfahrensordnung des G-BA wurde mit Beschluss vom 20. Januar 2011 um ein zusätzliches Kapitel erweitert. Sie vervollständigt damit die verschiedenen Regelungen des AMNOG und der zugehörigen Rechtsverordnung, ergänzt diese und fasst die Vorschriften zu einem einheitlichen Regelwerk zusammen (G-BA 2012).

Mit dem AMNOG ist ein Paradigmenwechsel vollzogen worden: Von der langwierigen, selektiven Nutzen- und Kosten-Nutzen-Bewertung mit Erstattungshöchstbeträgen für Bestandsarzneimitteln hin zur pflichtgemäßen frühen Nutzenbewertung für jedes neue Arzneimittel mit zentral vereinbarten Rabatten auf die Herstellerabgabepreise. Die Gründe dafür liegen u.a. darin, dass die Kosten-Nutzen-Bewertung nach altem SGB V sehr langwierig war und auf erhebliche methodische und praktische Schwierigkeiten stößt. Obwohl die Kosten-Nutzen-Bewertung seit April 2007 gesetzlich verankert ist, konnte noch keines der beiden laufenden Verfahren abgeschlossen werden. Zudem bestanden Befürchtungen von politischer Seite, dass gerade Patienten mit schwerwiegenden oder seltenen Erkrankungen, die häufig auf innovative Arzneimittel angewiesen sind, mit hohen Zuzahlungen belastet würden, falls die Hersteller ihre Preise nicht auf das Niveau des Erstattungshöchstbetrages absenken. Die frühe Nutzenbewertung aller neuen Arzneimittel und auch des Bestandsmarkts scheint daher der solidarisch besser vertretbare und wirkungsvollere Weg der Preiskontrolle und Kostendämpfung zu sein (Handrock, R. 2011, S. 20).

Nicht aufgenommen wurde die lange umstrittene Forderung, die ausgehandelten Preise für neue Arzneimittel vertraulich zu behandeln. Deshalb werden die Preise für neue Arzneimittel weiterhin in der sogenannten Lauer-Taxe veröffentlicht, in der die ausgehandelten Rabatte berücksichtigt sind. Der Bundesrat hat nun beschlossen, dass die Bundesregierung zwei Jahre nach Inkrafttreten der AMG-Novelle über die Erfahrung mit der Preisbildung berichten soll. Im Sinne eines lernenden Systems sollte die Entwicklung beobachtet und evaluiert werden, um gegebenenfalls die Regelungen nachbessern zu können.

Der Erstattungsbetrag nach AMNOG ist nach Auffassung von Bundesgesundheits-ministerium und GKV-Spitzenverband auch die Bemessungsgrundlage für die Zuschläge der Handelsstufen, den Herstellerrabatt und die Patientenzuzahlung. Gleiches gilt für die Mehrwertsteuer. Weil die gesetzlich geforderten Herstellerabschläge ebenfalls auf den Abgabepreis des pharmazeutischen Unternehmers erhoben werden, können die Deckungsbeiträge von Innovationen beim Handel künftig beträchtlich schwanken – je nachdem, ob Hersteller und GKV-Spitzenverband bei der Vereinbarung eines Erstattungsbetrages den Herstellerabschlag ablösen oder nicht. Eine solche Ablösung etwa gilt für Ticagrelor, das erste Präparat, das die frühe Nutzenbewertung durchlaufen hat. Durch die Ablösung reduziert sich die Bemessungsgrundlage für die Handelsmargen um fast 20 %. Hätten die Vertragspartner den Listenpreis lediglich um einen bestimmten Prozentsatz zusätzlich zum ohnehin geforderten Herstellerrabatt gesenkt, hätte beim Handel eine größere Marge hängen bleiben können.

Kommt es zu keiner Einigung in der Verhandlung, setzt eine Schiedsstelle den Erstattungsbetrag fest. Maßstab soll dabei das europäische Preisniveau sein. Als Grundlage dient die Höhe der tatsächlichen Abgabepreise in 15 europäischen Ländern (der entsprechende „Länderkorb" enthält Belgien, Dänemark, Finnland, Frankreich, Griechenland, Großbritannien, Irland, Italien, Niederlande, Österreich, Portugal, Schweden, die Slowakei, Spanien und Tschechien). Hinter der Auswahl stecken Bestrebungen, einerseits möglichst viele Einwohner des europäischen Wirtschaftsraums und andererseits auch wirtschaftlich homogene Länder zu erfassen.

Mit Blick auf die ersten Ergebnisse der frühen Nutzenbewertung lässt sich Folgendes festhalten (vgl. Coca, V. und Schröder, H. 2012, S. 15). Seit 2011 wurden bislang 30 Nutzenbewertungen durchgeführt (27 Präparate wurden einer Bewertung unterzogen, bei 3 Präparaten erfolgte eine Freistellung von der Nutzenbewertung wegen Geringfügigkeit nach § 35a Abs. 1a SGB V). In 52,3 % der Fälle wurde dem Präparat kein Zusatznutzen zugesprochen und die höchste Stufe bei der Bewertung (erheblicher Zusatznutzen) wurde nicht vergeben. Die meisten Präparate erhielten die Bewertung geringer Zusatznutzen (22,7 %), während ein beträchtlicher oder der nicht quantifizierbare Zusatznutzen zu jeweils 11,4 % vorkamen. Weiterhin fällt auf, dass die Bewertung des Zusatznutzens sehr stark nach Subgruppen differenziert wird, die nicht immer in Übereinstimmung mit medizinischen Leitlinien oder der Vorgehensweise der EMA bei der Zulassung stehen, wodurch durchaus Beschränkungen der Patientenpopulation resultieren, die mit dem Präparat behandelt werden können. Auch fehlt bislang ein Konsens über die Definition der Endpunkte von Studien. Zu einem Opt-Out der Hersteller kam es in 17 % der Fälle.

Eine potentielle Gefahr besteht insbesondere darin, dass das Kostendämpfungsziel zu stark in den Vordergrund rückt. Bei der frühen Nutzenbewertung sollte es zunächst um die Ermittlung eines Zusatznutzens gehen, erst danach käme es zu Preisverhandlungen. Fokussiert man sich allerdings bereits bei der Wahl der Vergleichstherapie fast ausschließlich auf einen möglichst niedrigen generischen Preis, vermengt man diese beiden Schritte und erschwert möglicherweise die notwendige Refinanzierung der angefallenen F&E-Aufwendungen. Zudem spielt im internationalen Vergleich in Deutschland das Thema Gesundheitsökonomie bei der Nutzenbewertung kaum eine Rolle. Relevant für die Entscheidungen von IQWiG und G-BA sind die patientenrelevanten Endpunkte Lebensqualität, Verminderung von Morbidität und Mortalität oder die Verringerung von Nebenwirkungen. Zum Nachweis dieser Endpunkte benötigt man letztlich aber andere Daten, nämlich Ergebnisse aus gesundheitsökonomischen Studien der Versorgungsforschung, die zum Zeitpunkt der Zulassung noch nicht vorliegen können. Der im Gesetz vorgegebene patientenrelevante Nutzen und die Perspektive der GKV greifen in vielen Fällen zu kurz. Sinnvollerweise sollte daher bei der Nutzenbewertung von Medikamenten gegen Demenz zumindest die Perspektive der Pflegeversicherung einbezogen werden, sonst bleibt der Blick auf die Versorgungsrealität verstellt.

3. Divergierende europäische Preise und Einsparpotenziale

Die Diskussion über die Höhe des internationalen Preisniveaus und die Preisdifferenzen bei patentgeschützten Arzneimitteln suggeriert ein zu realisierendes Einsparpotenzial (ESP) gegenüber einer gleichwertigen aber preiswerteren Alternative. Der jüngste Arzneiverordnungs-Report (AVR) vom September 2012 weist bei der Substitution von teuren durch vergleichbar wirkende, aber billigere Medikamente ein ESP für die GKV in Höhe von 8,4 Mrd. Euro aus (AVR 2012, S. 40). Die Summe setzt sich zusammen aus einem ESP in Höhe von 3,1 Mrd. Euro aus dem nationalen Preisvergleich (nPV) mit unterstellter Substitution von Generika, Analoga und umstrittenen Arzneimitteln auf dem deutschen Fertigarzneimittelmarkt und einem ESP in Höhe von 5,3 Mrd. Euro aus dem internationalen Preisvergleich (iPV) mit den Niederlanden (siehe Tab. 1).

Tabelle 1: Einsparpotenziale der GKV bei Arzneimitteln 2011 nach Berechnungen des AVR (in Mrd. Euro)

Arzneimittelgruppe	ESP Nettokosten in Mio. Euro	Anteil Gesamtmarkt
Nationaler Preisvergleich		
Generika und generikafähige Wirkstoffe	1.412,2	
Umstrittene Arzneimittel	2.762,6	
Zwischensumme	515,8	
Abzüglich Einnahmen aus Rabattverträgen	4.690.6	
Gesamtsumme ESP	3.056,9	11,69%
Internationaler Preisvergleich mit NL		
Generika und generikafähige Wirkstoffe	4.174,8	
Patentgeschützte Arzneimittel	1.613,5	
Analogpräparate	3.689,0	
Zwischensumme	9.477,3	
minus Einnahmen aus Rabattverträgen	1.633,7	
Gesamtsumme ESP	7.843,6	29,8%

Quelle: AVR 2012, S. 40.

Da der AVR 2012 eine neue Systematik (Nettokosten) verwendet, müssen bei den Generika und Analoga die nationalen von den internationalen ESP abgezogen werden, um Doppelzählungen zu vermeiden. Damit ergeben sich bei dem iPV nur 5,3 Mrd. Euro ESP und nicht die im AVR 2012, S. 40, angegebenen 7,8 Mrd. Euro. Im iPV wird angenommen, dass teure deutsche Patentpräparate und Generika durch billigere Produkte aus den Niederlanden sowie teure deutsche

Analoga zum einen durch identische und zum anderen durch vergleichbare, aber jeweils billigere niederländische Produkte substituiert werden.

An solchen handfesten Zahlen besteht verständlicherweise ein lebhaftes gesundheitspolitisches Interesse, zumal der AVR Einsparpotenziale in dem Sinne interpretiert, dass sie zu Lasten der Arzneimittel-Hersteller zu schöpfen wären und dies die GKV als Kostenträger entsprechend entlasten würde. Diese Vorstellung blendet jedoch nahezu vollständig die bestehenden Verhältnisse auf den Arzneimittelmärkten in Deutschland und anderen marktwirtschaftlichen Ländern aus: Von einem Arzneimittel, das in der Apotheke 11 Euro zu Lasten der GKV kostet, erhält der Hersteller nur rund 35 Cent (BPI 2011, S. 1). Der Rest geht in die Mehrwertsteuer und in die Handelsstufen. ESP auszuweisen und sie unbesehen den Herstellern anzurechnen, obwohl sie auf den Distributionsstufen oder beim Staat (Mehrwertsteuer) anfallen, ist methodisch nicht angemessen und auch für die gesundheitspolitische Diskussion nicht zielführend.

In der breiten Öffentlichkeit werden die ausgewiesenen ESP dennoch als nachgewiesene und quantifizierte Unwirtschaftlichkeiten angesehen, die sich aus der Verordnung von Medikamenten mit einer vergleichsweise schlechten Preis- bzw. Kosten-Wirksamkeits-Relation ergeben. Das kann alle Arzneimittelkategorien betreffen – umstrittene Medikamente, Generika, Analoga und importierte Präparate genauso, wie Arzneimittel-Innovationen mit und ohne Zusatznutzen. Dementsprechend wird darin gesundheitspolitisch ein gravierender Verstoß gegen das Wirtschaftlichkeitsgebot gesehen, der die Einhaltung der gesetzlich gebotenen Beitragssatzstabilität gefährdet.

Blickt man hinter die methodischen Kulissen internationaler Preisvergleiche und ESP-Berechnungen, lassen sich eine Reihe von Fallsticken erkennen, die zu beachten sind, will man nicht Gefahr laufen, sich zu verfangen bzw. beliebige Ergebnisse zu produzieren. Sie können hier nur beispielhaft angeführt werden (Cassel, D. und Ulrich, V. 2012a, S. 113 ff. und 158 ff.; 2012b, S. 40 ff.):

- Länderauswahl: (Arme) Niedrigpreisländer vs. (reiche) Hochpreisländer
- Währungsumrechnung: Wechselkurse vs. Kaufkraftparitäten
- Besteuerung: Mit vs. ohne indirekte Steuern (MWSt / VAT)
- Vertriebsebene: Apothekenverkaufs- vs. Herstellerabgabepreise
- Erstattungsebene: Listenpreise vs. Erstattungsbeträge
- Preisbereinigung: Brutto- vs. Nettopreise (Rabatte, Zuzahlungen etc.)

- Regulierungen: Freie vs. verhandelte oder fixierte Preise und Mengen.
- Mengengewichtung: Ungewichtete vs. mengen- oder volumengewichtete Herstellerabgabepreise
- Handelsformen: Nicht standardisierte Einheiten vs. Standard-Units.

Wohin die Missachtung dieser Agenda führen kann, zeigen Nachberechnungen für ausgewählte hochpreisige Patentpräparate wie auch für die Gesamtheit der 50 patentgeschützten Arzneimittel mit Großbritannien und Schweden (BPI 2011/12; Cassel, D. und Ulrich, V. 2012b, S. 35 f. und 54 ff.). Werden die Fallstricke vermieden, verringern sich in diesen Fällen die vom AVR ausgewiesenen Preisvorteile der beiden Referenzländer drastisch und verkehren sich teilweise sogar ins Gegenteil.

Abbildung 1 zeigt das Ergebnis des Preisvergleichs mit Schweden aus 2010, aktualisiert um die Wechselkursentwicklung bis 2012. Dabei ist angenommen, dass je eine Packung der 50 verglichenen Patentpräparate zum AVP in Schweden (SE) und in Deutschland (DE) gekauft wird. Insgesamt kosten diese Arzneimittel den auf der Ordinate angegebenen Euro-Betrag in den beiden Ländern. Relevant ist insbesondere die Aufteilung nach den einzelnen Teilnehmern der Distributionskette. Sie beantwortet die Frage, wer welchen Anteil der Preissumme bzw. Ausgaben für den Warenkorb erhält und wie hoch die tatsächliche Belastung der Krankenkassen letztlich ist. Aktualisiert mit der Wechselkursentwicklung bis zum 2. Juni 2012 beläuft sich der Preisunterschied nach der AVR-Methode nur noch auf 39,98 % und nicht mehr auf 48 %. Unter der notwendigen Berücksichtigung der Abschläge von Herstellern und Apothekern verringert sich diese Differenz auf 21,04 %. Auf der Ebene der Hersteller sind in DE die 50 Patentarzneimittel sogar um 1,5 % billiger als in SE (in dieser Angabe sind anteilig Mehrwertsteuer-Rückerstattungen an den Hersteller enthalten). Abbildung 1 enthält zum aktualisierten Vergleich noch einen vierten Balken: Zum Zeitpunkt der Veröffentlichung des AVR 2010 (14.09.2010), der den Vergleich mit SE enthält, war der Herstellerabschlag ab 01.08.2010 auf 16 % erhöht und ein Preismoratorium verhängt worden. Die AVR-Analyse ging zum damaligen Zeitpunkt von dem noch gültigen Herstellerabschlag von nur 6 % aus.

Abbildung 1: Preiseffekte auf den Distributionsstufen in Deutschland und Schweden

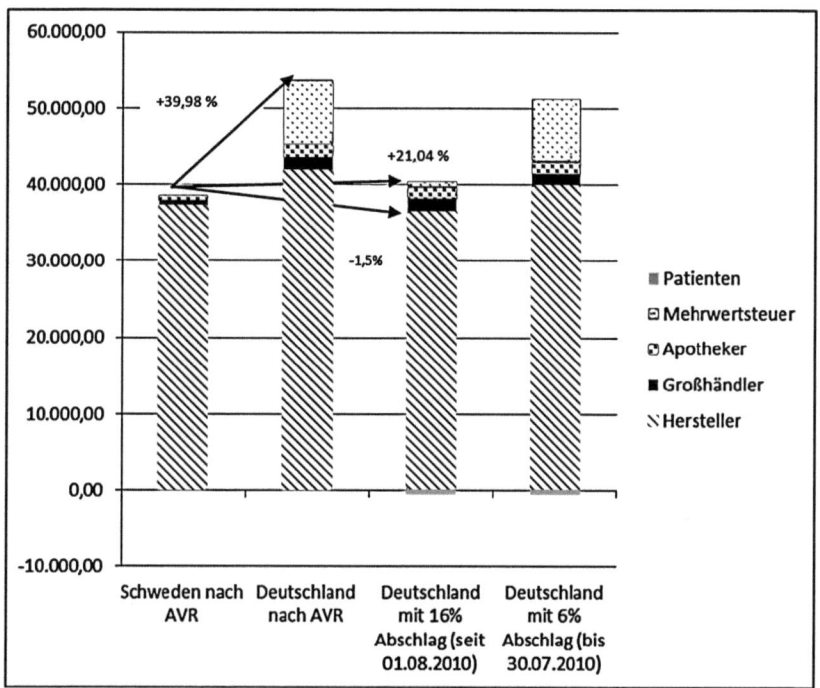

Legende: Die Balken zeigen für DE und SE die Aufteilung des Euro-Betrags, der für den Korb der 50 Patentarzneimittel entrichtet werden muss, auf die Teilnehmer der Distributionskette, wenn angenommen wird, dass je eine Packung zum jeweiligen AVP in den beiden Ländern gekauft würde.

Quelle: Eigene Darstellung nach Berechnungen des BPI (2011/12).

Der Hauptunterschied beim Vergleich zwischen DE und SE liegt somit nicht auf der Herstellerebene, sondern bei der Mehrwertsteuer – die nicht in SE, aber in DE erhoben wird – sowie bei der in DE höheren Vergütung von Großhandel und Apotheken. Will man die aus-gewiesenen ESP des AVR realisieren, so lassen sich nur rund 10 % auf der Ebene der Hersteller heben. Etwa 40 % betreffen die Mehrwertsteuer, 8 % den Großhandel, 6 % die Apotheken und rund 36 %

des ESP sind durch Apothekenabschlag und erhöhten Herstellerabschlag bereits realisiert.

4. Empirische Ergebnisse

4.1 Daten und Methodik

Als Datenbasis für die empirische Untersuchung stehen für das Gutachten Preisinformationen von IMS Health (2011) zur Verfügung. Diese werden um Länderinformationen auf Basis der OECD Health Data (2011) sowie der Daten von Eurostat (2011) ergänzt. Insgesamt enthält der Datensatz 575 Beobachtungen für 13 Länder inklusive Deutschland (Belgien, Dänemark, Deutschland, Finnland, Frankreich, Großbritannien, Irland, Italien, Niederlande, Österreich, Portugal, Schweden und Spanien). Bis auf Griechenland, Tschechien und die Slowakei stimmt der Länderkorb mit jenem überein, den die Schiedsstelle für den internationalen Preisvergleich festgelegt hat.

Als Mengeneinheit für die AMI dienen so genannte Standard Units (SU). Eine Standard Unit bezeichnet die kleinste definierte Dosis nach IMS Health für ein Produkt, wie etwa die Anzahl der Tabletten, die Anzahl der 5ml Dosen oder der Ampullen, in denen das Produkt zum Verkauf ausgeboten wird. Mit Hilfe von SU lassen sich unterschiedliche Darreichungsformen miteinander vergleichen. Die hier zur Verfügung stehenden Abgabepreise der pharmazeutischen Hersteller (ApU) beziehen sich auf den Listenpreis. Dieser wurde für einige Länder durch IMS geschätzt (Finnland, Großbritannien, Niederlande und Schweden). Insgesamt umfassen die Daten alle 39 in den Jahren 2008 bis 2010 in Deutschland eingeführten AMIs für die Untersuchungsländer.[2] Die Daten pro Land und Wirkstoff beziehen sich auf verschiedene angebotene Ausprägung der AMI. Diese unterscheiden sich in aller Regel nach der Konzentration des Wirkstoffes sowie nach Packungsgröße.[3] Um diese zusammenzufassen, werden die einzelnen Ausprägungen mit Faktoren auf Basis der abgesetzten Einheiten im

---

[2] Insgesamt wurden fünf AMIs der Jahre 2008-2010 aus der Betrachtung ausgeschlossen, da diese entweder nur in Deutschland eingeführt wurden, das Datum der Einführung nicht bekannt war oder die AMI nur im Krankenhaussektor eingesetzt wurde.

[3] Hierbei gilt es anzumerken, dass sich sowohl die angebotenen Wirkstoffstärken als auch die Packungsgrößen zwischen den Ländern unterscheiden können.

Apotheken-Bereich (Retail Market) gewichtet. Da für Schweden keine Unterscheidung zwischen Apotheken- und Krankenhaus-Markt stattfindet, werden die insgesamt abgesetzten Mengen zur Berechnung der Gewichtungsfaktoren verwendet. Aus dieser Prozedur folgt somit ein durchschnittlich für eine SU gültiger ApU im jeweiligen Land. Der resultierende Preis für eine SU wird dann für Großbritannien, Schweden sowie Dänemark mit Hilfe des jahresdurchschnittlichen Wechselkurses der Deutschen Bundesbank für die jeweilige Landeswährung in Euro konvertiert. Als erklärende Faktoren verwenden wir für die Zahlungsfähigkeit das Bruttoinlandsprodukt pro Kopf und für die Zahlungsbereitschaft die Gesundheitsausgaben pro Kopf, jeweils in Euro (siehe Tabelle).

Da die Gesundheitsausgaben bereits ein Bestandteil des Bruttoinlandsproduktes sind, wird das BIP um die Gesundheitsausgaben bereinigt. Zudem sollen Preiseffekte über den harmonisierten Verbraucherpreisindex für pharmazeutische Erzeugnisse abgebildet werden. Um Schätzprobleme zu vermeiden, gehen diese Variablen um ein Jahr verzögert in die Analyse ein.[4] Weitere erklärende Variablen umfassen unterschiedliche Regulierungsformen in den einzelnen Ländern. Hierzu zählen die Existenz eines internationalen IRP-Systems sowie die Möglichkeit einer Preisfestsetzung. Zudem wird eine Dummy-Variable für die verzögerte Markteinführung einer Innovation in Deutschland gebildet. Diese gibt an, ob eine AMI nicht als erstes in Deutschland angeboten wurde. Hierdurch soll abgebildet werden, ob eine spätere Markteinführung in Deutschland ceteris paribus zu niedrigeren Preisen im internationalen Vergleich geführt hat. Als letzte Gruppe der erklärenden Variablen verwenden wir unterschiedliche ATC-Gruppen gemäß Klassifikationsstufe 1, welche die Heterogenität der betrachteten AMIs reflektiert. Eine tiefere Untergliederung der ATC-Gruppen würde einen Verlust an Freiheitsgraden und daraus folgend an statistischer Präzision bedeuten. Außerdem wären einige der Untergruppen nur unvertretbar schwach besetzt.

---

[4] Die zur Bestimmung der Länderkörbe verwendeten Arzneimittelausgaben stehen nicht für alle Länder für den dreijährigen Beobachtungszeitraum zur Verfügung und werden in der Analyse nicht weiter berücksichtigt.

Tabelle 2: Variablenbeschreibung

Variable	Beschreibung
PTW_SU[a]	Abgabepreis des pharmazeutischen Unternehmers für eine Standard Unit (SU) in Euro (Price to Wholesaler)
GDP pc corrected[a]	Bruttoinlandsprodukt (BIP) pro Kopf in Euro des Vorjahres, bereinigt um die Gesundheitsausgaben (Gross Domestic Product)
HCE pc[a]	Gesundheitsausgaben pro Kopf in Euro des Vorjahres (Health Care Expenditures)
HICP_PE[a]	Harmonisierter Verbraucherpreisindex für pharmazeutische Erzeugnisse des Vorjahres (Basis: 2005=100) (Harmonized Consumer Price Index)
☐PTW_SU[a]	Relative Abweichung des PTW_SU zu Deutschland
☐GDP pc corrected[a]	Relative Abweichung des BIP pro Kopf zu Deutschland
☐HCE pc[a]	Relative Abweichung der Gesundheitsausgaben pro Kopf zu Deutschland
☐HICP_PE[a]	Relative Abweichung des Verbraucherpreisindexes für pharmazeutische Erzeugnisse zu Deutschland
IRP	Existenz eines internationalen Preisreferenzierungs-Systems
Preisfixierung	Ohne vorausgehende Preisverhandlungen und mit zusätzlichen angebotsseitigen Regulierungen wie Erstattungsbeträgen, Preisinterventionen und IRP (NL, BE, FI, ES, PT).
GER_later	Arzneimittelinnovation in Deutschland nicht zuerst eingeführt
ATC_A	Alimentäres System und Stoffwechsel
ATC_B	Blut und blutbildende Organe
ATC_C	Cardiovasculäres System
ATC_J	Antiinfektiva für systemische Gabe
ATC_L	Antineoplastische und immunmodulierende Substanzen
ATC_M	Muskel- und Skelettsystem
ATC_N	Nervensystem
ATC_R	Respirationstrakt

Anmerkung: [a] natürlicher Logarithmus

Quelle: Eigene Darstellung.

4.2 Verfügbarkeit von Arzneimittel-Innovationen

In die Analyse der Determinanten internationaler Preisdifferenzen bei Arzneimittel-Innovationen (AMI) gehen dreizehn Länder (inklusive Deutschland) ein: Österreich, Belgien, Dänemark, Finnland, Frankreich, Irland, Italien, Niederlande, Portugal, Spanien, Schweden, Großbritannien und Deutschland[5]. Diese zwölf Länder zählen gemeinsam mit Deutschland zu den so genannten EU 15-Ländern, welche im Wesentlichen die Europäische Union vor der Osterweiterung im Jahr 2004 bildeten.

Mit der Betrachtung der Produktverfügbarkeit von AMIs soll der Tatsache Rechnung getragen werden, dass eine AMI typischerweise nicht in allen Ländern zum gleichen Zeitpunkt eingeführt wird (vgl. Danzon, P. und Chao, L.W. 2000, S. 159; Danzon, P., Wang, Y.R. und Wang, L. 2005, S. 269). Hingegen beeinflussen die Regulierung des Arzneimittelmarktes - insbesondere hinsichtlich Preisgestaltung und Erstattung - sowie die Absatz- und Erlöserwartungen der Hersteller das Angebot an neuen Wirkstoffen. Die Verfügbarkeit schwankt stark zwischen den betrachteten dreizehn Ländern (siehe Abb. 2).

Im Jahr 2008 stehen im Datensatz für Deutschland 13 Wirkstoffe zur Verfügung. Von diesen wurde in Italien nur ein einziges ausgeboten. Bis zum Jahr 2010 steigt die Verfügbarkeit in Deutschland auf 39 Produkte. Dagegen stehen in Italien und Portugal im Jahr 2010 nur 11 bzw. 9 von insgesamt 39 Innovationen zur Verfügung. Neben Deutschland sind AMIs vor allem in Dänemark (36), Schweden (36) und Österreich (31) verfügbar. Bereits die Verfügbarkeit von AMIs zwischen einer relativ homogenen Gruppe von EU-Ländern schwankt somit signifikant, wodurch die Vergleichbarkeit zwischen den betrachteten Ländern und insbesondere zu Deutschland deutlich eingeschränkt ist. Selbst in einem Land wie Belgien, das nach den Kriterien der Zahlungsbereitschaft und Zahlungsfähigkeit mit Deutschland durchaus vergleichbar ist, finden sich für das Jahr 2010 nur 15 der 39 in Deutschland eingeführten Innovationen.

---

[5] Auf Slowenien wird im Folgenden verzichtet, da Slowenien als kleinstes der betrachteten Länder von der Bevölkerungsgröße nicht mit Deutschland vergleichbar ist. Ferner ist die Datenverfügbarkeit für Slowenien für die spätere Analyse nicht gegeben.

Abbildung 2: Verfügbarkeit von Arzneimittelinnovationen in 13 EU-Ländern

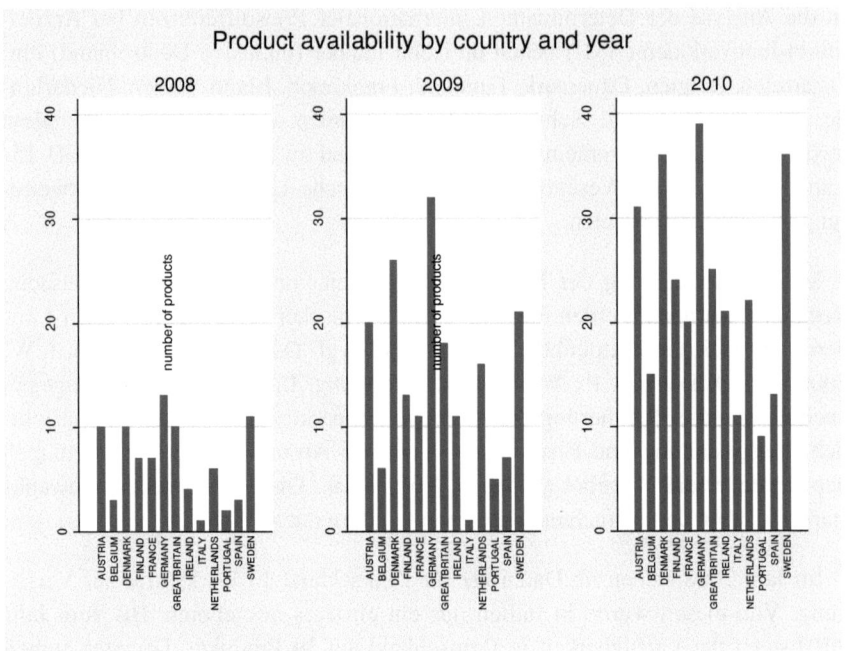

Quelle: Eigene Berechnungen.

4.3 Analyse der Preisdifferenz zu Deutschland

Aus der deskriptiven Analyse der Produktverfügbarkeit ist die starke Variation der Preise für AMIs ersichtlich. Hingegen lässt sich hierbei noch keine Aussage über mögliche Einflussfaktoren auf makroökonomischer Ebene machen. Die nachfolgende Kausalanalyse untersucht daher die relative Abweichung der Preise des Auslands zu Deutschland. Erklärende Faktoren sind dabei unter anderem die Zahlungsfähigkeit und Zahlungsbereitschaft sowie der harmonisierte Verbraucherpreisindex für pharmazeutische Produkte.[6] Um das Problem der Endo-

---

[6] Demographische Einflussfaktoren wie zum Beispiel der Altenquotient spielen in unseren Schätzungen für den Abgabepreis des pharmazeutischen Herstellers und für entsprechende Preisdifferenzen Ausland zu Inland keine nennenswerte Rolle. Ihr Einfluss dürfte sich dagegen stärker in der Höhe der entsprechenden Ausgabengröße zeigen, während die Effekte auf die Preise ohne Signifikanz bleiben. Dieser Erklärungsfaktor wird daher nicht weiter berücksichtigt.

genität[7] der erklärenden Variablen zu vermeiden, gehen diese um eine Periode verzögert in die Analyse ein. Weitere erklärende Variablen sind das Vorliegen eines internationalen Referenzpreissystems (IRP-System), die Preisfestsetzung als weiteres Regulierungsinstrument, die verzögerte Markteinführung einer Innovation in Deutschland sowie die unterschiedlichen ATC-Klassen, in welche die Innovationen fallen (siehe Abb. 3).

Zur Analyse der Preisdifferenz zu Deutschland wird ein Panelmodell mit zufälligen Effekten geschätzt (Random Effects, vgl. Wooldridge, J.M. 2002)[8]. Dieses ermöglicht es, unbeobachtete Heterogenität, d.h. nicht durch erklärende Faktoren abgebildete Effekte, zu berücksichtigen. Für den Betrachtungszeitraum 2008-2010 stehen insgesamt 575 Beobachtungen zur Verfügung.[9] Hierbei gilt es zu betonen, dass diese erklärenden Variablen ebenso wie die abhängige Variable als relative Abweichung zu Deutschland definiert sind. Alle Variablen der Basisspezifikation sind logarithmiert, dies bedeutet, dass die Koeffizienten als Elastizitäten interpretiert werden können[10].

---

[7] Unter Endogenität der erklärenden Variablen versteht man, dass die abhängige Variable selbst einen kausalen Einfluss auf die unabhängigen Faktoren ausübt (siehe hierzu beispielsweise Wooldridge, J.M. 2009).
8 Für eine ähnliche Vorgehensweise siehe Kanavos, P.G. und Vandoros, S. 2011, S. 337.
[9] Da nicht für jedes Land in jedem Jahr alle AMIs zur Verfügung stehen, liegt ein „unbalanced Panel" vor.
[10] Für sämtliche Spezifikationen ergibt sich dabei, dass die Hypothese der Effizienz des Random-Effects-Schätzers nicht verworfen werden kann. Somit stellt ein Modell mit zufälligen Effekten die präferierte Schätzmethode dar.

Abbildung 3: Relative Preisabweichung (PTW_SU) zu Deutschland

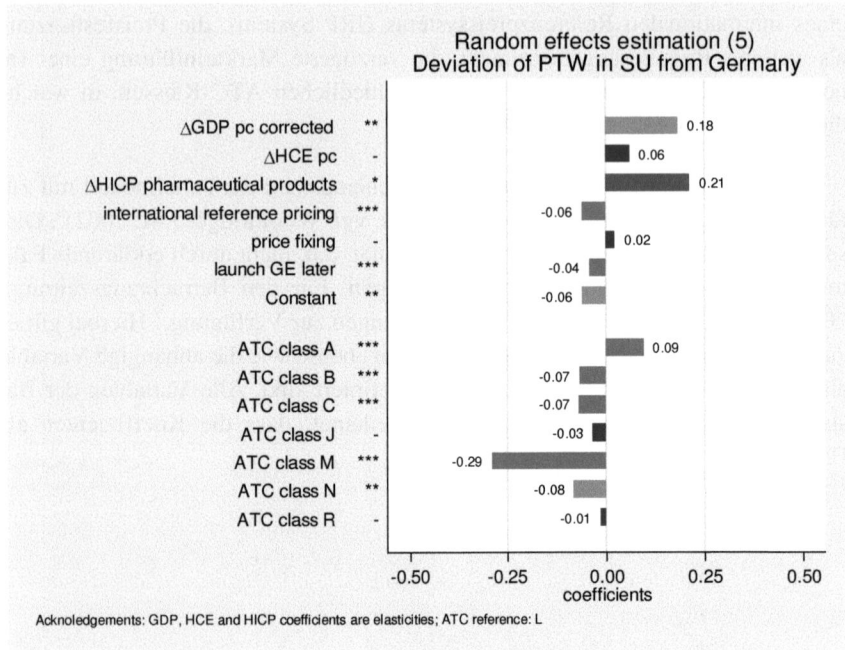

Quelle: Eigene Berechnungen.

Zahlungsfähigkeit

In der Schätzung stellt die Zahlungsfähigkeit, gemessen durch das BIP pro Kopf, einen wichtigen Erklärungsfaktor der Preisabweichung zwischen den untersuchten Ländern dar. Eine höhere Zahlungsfähigkeit, d.h. ein höheres Bruttoinlandsprodukt, impliziert höhere Preise und resultiert auch in größeren positiven Preisdifferenzen zu Deutschland: Ein höheres BIP pro Kopf im Ausland relativ zu Deutschland vergrößert bestehende positive Preisdifferenzen und verringert bestehende negative Preisunterschiede. Ausgehend von einem Anstieg der relativen Abweichung um 1 % vergrößern sich bestehende relative positive Preisunterschiede um ca. 0,2 %. Ein höherer Wohlstand relativ zu Deutschland impliziert somit auch höhere Preise im Vergleich zu Deutschland. Länder mit einem höheren Preisniveau entfernen sich mit zunehmenden BIP pro Kopf vom deutschen Preisniveau und Länder mit einem niedrigeren Preisniveau bewegen sich bei höherem Wohlstand auf das deutsche Niveau zu.

Dagegen finden sich bei der allgemeinen Zahlungsbereitschaft, gemessen durch die Gesundheitsausgaben pro Kopf, und der Preisentwicklung keine signifikanten Effekte. Die Gesundheitsausgaben dürften zudem auch stärker mit Mengen- und Struktureffekten bzw. auch mit der Qualität von Leistungen verbunden sein, so dass keine statistisch signifikanten Effekte auf die Preiseabweichungen existieren. Niveauunterschiede in den Gesundheitsausgaben spielen für Preisdifferenzen keine signifikante Rolle. Eine mögliche Erklärung könnte darin liegen, dass von den allgemeinen Ausgaben für Gesundheit nicht notwendigerweise ausschließlich Preiseffekte ausgehen. Die Unterschiede in den Gesundheitsausgaben der einzelnen Länder zu Deutschland sind offenbar nicht ausschließlich durch die Arzneimittelausgaben determiniert, sondern dürften vor allem durch nationale Unterschiede in der Pharmakotherapie im ambulanten bzw. stationären Bereich bedingt sein. Mit Blick auf das Preisniveau und insbesondere auch die Preisstruktur pharmazeutischer Erzeugnisse ergibt sich, dass ein relativer Anstieg des ausländischen Preisniveaus im Vergleich zu Deutschland zu einer relativ größeren Abweichung bei bestehenden positiven Preisdifferenzen führt.

Internationale Preisreferenzierung

Beginnend mit den Regulierungssystemen wird der Einfluss eines IRP-Systems überprüft. Wie Abbildung 3 zeigt, hat eine solche Regulierung einen signifikant negativen Einfluss auf die relative Preisabweichung (vgl. Espin, J., Rovira, J. und Olry de Labry, A. 2011, S. 1ff.). Länder mit einem internationalen Referenzpreissystem (IRP-System) weisen in unserer Schätzung einen negativen Effekt auf die Preisdifferenzen zwischen Ausland und Deutschland auf. Neben Deutschland setzen nur drei andere Länder dieses Regulierungsinstrument nicht ein: Dänemark, Großbritannien und Schweden (vgl. Stargardt, T. und Schreyögg, J. 2006, S. 23). Konkret bedeutet dies, dass bestehende positive Preisunterschiede zwischen dem Ausland und Deutschland durch IRP verringert werden, während sich negative Preisdifferenzen verstärken (vgl. Galitti, M., Ghislandi, S., Miraldo, M. 2011, S. 17; Garau, M., Towse, A. und Danzon, P. 2011, S. 1ff.). Dies bedeutet, dass eine Preisregulierung im Sinne einer internationalen Preisreferenzierung einen dämpfenden Effekt auf die Preise des referenzierenden Landes hat. Dieser beläuft sich in der ersten Schätzung auf etwa 6 %. Bei positiven Preisdifferenzen würde demnach das Vorhandensein eines IRP-Systems die höheren ausländischen Preise um 6 % im Vergleich zu Deutschland reduzieren.

Preisfestsetzung

Neben einer internationalen Preisreferenzierung wird in einigen der betrachteten Länder auch die Preisfestsetzung als Regulierungsinstrument eingesetzt. Die Schätzung zeigt jedoch keinen signifikanten Beitrag dieses Faktors zur Erklärung der relativen Preisabweichung. Die Zahlungsfähigkeit und das Instrumentarium der internationalen Preisreferenzierung werden durch die Variable Preisfestsetzung nicht beeinflusst. Allerdings wird die Preisfestsetzung nur in den Niederlanden, Belgien, Finnland, Spanien und Portugal praktiziert.

Verfügbarkeit

Ein zusätzlicher Einflussfaktor auf die relative Preisabweichung könnte auch die Markteinführung in Deutschland darstellen. Zwar werden die betrachteten AMIs in der Mehrheit in Deutschland als einem der ersten Länder in der Stichprobe ausgeboten, in knapp einem Drittel der Fälle ist Deutschland aber nicht das erste Land der Markteinführung. Für den Effekt der Einführungsverzögerung findet sich ein signifikant negativer Koeffizient. Dies bedeutet, dass für diejenigen Innovationen, die nicht als erstes in Deutschland eingeführt wurden, ein ähnlicher Effekt wie für ein IRP-System besteht. Bestehende positive Preisunterschiede zwischen dem Ausland und Deutschland werden verringert, während sich negative Preisdifferenzen verstärken. Dieses Ergebnis betont somit die Rolle Deutschlands als Preisanker. Auch Innovationen, die erst verspätet den deutschen Markt erreichen, passen sich demnach dem im Durchschnitt höheren Preisniveau an.

ATC-Klassen

Aus statistischen Gründen werden die 31 ATC-4-Klassen zu 8 ATC-1-Klassen gruppiert. Die ATC-L-Klasse wird dabei als Referenzkategorie verwendet. Die in die Schätzung eingehenden ATC-Klassen besitzen insgesamt sehr heterogene Effekte (siehe Abb. 3). Bei einigen ATC-Klassen finden sich positive signifikante Effekte, bei anderen zeigen sich negative Effekte. Es kommt also darauf an, in welche ATC-Gruppe die Innovation fällt und ob sich die Preisdifferenzen vergrößern oder verkleinern. Die detaillierte Analyse mit Hilfe der ATC-Klassen zeigt, dass Preisunterschiede zwischen dem Ausland und Deutschland insbesondere auch von der zugrundeliegenden anatomisch-therapeutischen Klassifikation abhängen. Bestehende Preisunterschiede zwischen Ausland und Deutschland sind somit immer auch ein Ergebnis der konkreten therapeutischen Anwendung und sollten daher Berücksichtigung finden.

Das R^2-Maß, als Güte der Schätzung, ist bedingt durch die Datenlage und den Querschnittscharakter erwartungsgemäß relativ gering. Während die abhängige Variable über die AMIs in den betrachteten Ländern definiert ist und somit wie gezeigt ein hohes Maß an Variation aufweist, sind die makroökonomischen Erklärungsfaktoren nur auf Länderebene definiert und streuen daher weniger. Erst durch Hinzunahme von wirkstoffbezogenen Erklärungsfaktoren wie den ATC-Gruppen steigt der Erklärungsgehalt deutlich an.

5. Ausblick

Insgesamt zeigen die Schätzungen, dass auch in der relativ homogenen Gruppe der untersuchten 13 EU-Länder eine Reihe spezifischer Erklärungsgrößen für die Preisdifferenz von Ausland zu Inland bei Arzneimittel-Innovationen vorliegen. Preisvergleiche und IRP-Systeme bedürfen daher der genauen Analyse und empirischen Überprüfung, um nicht zu erheblichen Verzerrungen internationaler Preisvergleiche zu führen. Neue Rolle Deutschlands im IRP-System dürfte europaweit zwar zu niedrigeren, aber kaum voneinander abweichenden Preisen für eine AMI führen. Dieses Ergebnis wird aber erkauft mit einer Verringerung der Finanzierungsbasis für künftige F&E-Projekte, einer verzögerten Verfügbarkeit neuartiger Arzneimittel besonders in kleineren Ländern mit stringenter Preisregulierung sowie mit zusätzlichen Wohlfahrtsverlusten bei jenen Ländern, die wegen nicht hinreichender Preisdifferenzierung mit innovativen Arzneimitteln unter- oder gar unversorgt bleiben. Bei der Auswahl der Referenzländer für Deutschland ist zu fordern, dass sie nach theoretisch validen und empirisch abgesicherten Kriterien erfolgt und dass auch ein praktikables Verfahren zur Durchführung der Preisvergleiche sowie wie zur Bereinigung der Vergleichspreise von nationalen Regulierungen Anwendung findet.

Literatur:

AVR – Arzneiverordnungs-Report (2012), Aktuelle Daten, Kosten, Trends und Kommentare; hrsg. von U. Schwabe und D. Paffrath, Berlin Heidelberg.

BPI – Bundesverband der Pharmazeutischen Industrie (2011), Wider besseren Wissen. Der von der AOK bezahlte Arzneiverordnungsreport ignoriert die Realität, Pressemitteilung vom 14. September 2011, Berlin.

BPI – Bundesverband der Pharmazeutischen Industrie (2011/12), Nachberechnung des AVR-Preisvergleichs der 50 umsatzstärksten Arzneimittel in Deutschland zwischen Deutschland und Schweden im Jahr 2010 sowie Großbritannien im Jahr 2011: http://www.bpi.de/info-und-service/publikationen.

Cassel, D. (2012), AMNOG: Deutschland an der Pharmawende, in: pharmind – Pharmazeutische Industrie, 74 (3), S. 366-374.

Cassel, D., Zeiner, R. (2010a und b), GKV-Arzneimittelmarkt im Zeichen des Arzneimittelmarktneuordnungsgesetzes (AMNOG). Zu Risiken und Nebenwirkungen einer gesundheitspolitischen Regulierungs-Innovation, in: PharmInd – Die Pharmazeutische Industrie, Teil 1: 72 (2010,11), S. 1858-1864; Teil 2: 72 (2010,12), S. 2044-2050.

Cassel, D., Ulrich, V. (2012a), Herstellerabgabepreise auf europäischen Arzneimittelmärkten als Erstattungsrahmen in der GKV-Arzneimittelversorgung. Zur Problematik des Konzepts internationaler Vergleichspreise, Gutachten für den vfa – Verband Forschender Arzneimittelhersteller, Endbericht vom 22. Februar 2012: http://www.vfa.de/de/presse/gutachten-studien (28.03.2012).

Cassel, D., Ulrich, V. (2012b), Einsparpotenziale in der GKV-Arzneimittelversorgung. Zur Belastbarkeit von Potenzialberechnungen als Richtschnur für eine rationale Regulierung des Arzneimittelmarktes, Gutachten für den Bundesverband der Pharmazeutischen Industrie e.V. (BPI) mit D. Cassel, Duisburg und Bayreuth, 2012.

Coca, V. und Schröder, H. (2012), Der Mehrwert macht den Preis, in: Gesundheit und Gesellschaft, 15(9), S. 14-15.

Danzon, P. M., Chao, L. W. (2000), Cross-national price differences for pharmaceuticals: how large, and why? In: Journal of Health Economics 19, S. 159–195.

Danzon, P. M., Wang, Y. R. und Wang, L. (2005), The Impact of Price Regulation on the Launch Delay of New Drugs .- Evidence from Twenty-Five major Markets in the 1990s, in: Health Economics, 14, S. 269-292.

Espin, J., Rovira, J. und Olry de Labry, A. (2011), External Reference Pricing, WHO/HAI Project on Medicine Prices and Availability, Review Series on Pharmaceutical Pricing Policies and Interventions Working Paper 1, Geneva.

Eurostat (2011), Database, November 2011: epp.eurostat.ec.europa.eu/portal/page/portal/statistics/search_database.

Galizzi, M. M., Ghislandi, S. und Miraldo, M. (2011), Effects of Reference Pricing in Pharmaceutical Markets: a Review, in: Pharmacoeconomics, 29(1), S. 17-33.

Garau, M., Towse, A. und Danzon, P. (2011), Pharmaceutical pricing in Europe: is differential pricing a win-win solution? Office of Health Economics Occasional Paper 11/01, February 2011.

G-BA (2012), Themenschwerpunkte, Arzneimittel, gesetzliche Regelungen, im Internet verfügbar, URL: http://www.g-ba.de/institution/themenschwerpunkte/arzneimittel/gesetz/.

Handrock, R. (2011), Frühe Nutzenbewertung von neuen Arzneimitteln in Deutschland gemäß dem Arzneimittelmarktneuordnungsgesetz (AMNOG): Bedeutung für globale, forschende Arzneimittelhersteller, Bayreuth.

IMS Health – Institute for Medical Statistics (2011), Provision of pricing and reimbursement data and analytics (selected NCEs across key European countries). Supporting information prepared for vfa, July 2011, Mimeo, London.

Kanavos, P. G. und Vandoros, S. (2011), Determinants of Branded Prescription Medicine Prices in OECD Countries, in: Health Economics, Policy and Law 6, S. 337-367.

OECD – Organization for Economic Cooperation and Development – Health Data (2011), A Selection of Key Indicators, November 2011: www.oecd.org/health/healthdata

Stargardt, T. und Schreyögg, J. (2006), The Impact on Cross-reference-Pricing on Pharmaceutical Prices – Manufacturers´ Pricing Strategies and Price regulation, in: Applied Health Economics and Health Policy 5(4): S. 235-247.

Wooldridge, J. M. (2002), Econometric Analysis of Cross Section and Panel Data, MIT Press, Cambridge, Mass. and London.

Wooldridge, J. M. (2009), Introductory Econometrics, South-Western, Mason, Ohio et al.

Letzte Ausfahrt AMNOG - Schiedsstelle

Gerhard Schulte

Der Gemeinsame Bundesausschuss (GBA) bewertet den Zusatznutzen von erstattungsfähigen Arzneimitteln mit neuen Wirkstoffen, die ab dem 1. Januar 2011 erstmals in den Verkehr gebracht werden (§ 35a)*. Der Spitzenverband Bund der Krankenkassen (GKV - Spitzenverband) vereinbart mit pharmazeutischen Unternehmen im Benehmen mit dem Verband der privaten Krankenversicherung auf der Grundlage des Beschlusses des GBA über die Nutzenbewertung mit Wirkung für alle Krankenkassen Erstattungsbeträge für Arzneimittel als Rabatt auf den Abgabepreis des pharmazeutischen Unternehmens (§ 130b Abs.1). Kommt eine solche Vereinbarung nicht innerhalb von sechs Monaten nach Veröffentlichung des Beschlusses des GBA zustande, so setzt die Schiedsstelle nach § 130b Abs. 5 den Vertragsinhalt innerhalb von drei Monaten fest (§ 130b Abs. 4).

Soweit die Kurzfassung eines anspruchsvollen und in der Umsetzung nicht konfliktfreien Verfahrens. Verständigen sich GKV - Spitzenverband und pharmazeutisches Unternehmen in der ihnen gesetzten Frist auf den gesetzlich geforderten Rabatt, so kann man von einem guten Ende des Verfahrens sprechen. Das Ergebnis der Verhandlung muss beidseitig nicht begründet werden. Keine Seite ist im rechtlichen Sinne beschwert, eine gerichtliche Überprüfung des konsentierten Ergebnisses nicht möglich, soweit nicht frühestens nach einem Jahr die Vereinbarung von einer Vertragspartei gekündigt wird und ein neues Verfahren in Gang kommt (§ 130b Abs. 7). Anders sieht es bei einer Festsetzung des Vertragsinhalts durch die Schiedsstelle aus. Da eine gesonderte Klage gegen die Nutzenbewertung des GBA unzulässig ist (§ 35a Abs. 8), ist erst die Entscheidung der Schiedsstelle rechtsmittelfähig. Mithin müssen die Entscheidungsgrundlagen und - gründe so umfassend dargelegt werden, dass sich hierauf eine beabsichtigte Klage stützen kann. Daher erscheint es sinnvoll, sich mit dem Verfahren vor der Schiedsstelle und den sich hier ergebenden Problemen näher zu befassen.

1)

Die vom GKV - Spitzenverband und den Spitzenorganisationen der pharmazeutischen Unternehmer gebildete gemeinsame Schiedsstelle besteht aus einem unparteiischen Vorsitzenden und zwei weiteren unparteiischen Mitgliedern sowie aus je zwei Vertretern des GKV - Spitzenverbandes und des pharmazeutischen Unternehmens, um dessen Arzneimittel ergebnislos verhandelt wurde. Die Patientenorganisationen können mit bis zu zwei Personen beratend an den Sitzungen der Schiedsstelle teilnehmen und schriftliche und mündliche Stellungnahmen abgeben (§ 9 Abs. 1 GeschO). Ebenso kann das Bundesministerium für Gesundheit (BMG) als Rechtsaufsichtsbehörde teilnehmen.

Über die drei unparteiischen Mitglieder sollen sich die Trägerverbände einigen. In der Regel akzeptiert jede Seite eine von der Gegenseite vorgeschlagene Person für die beiden weiteren unparteiischen Mitglieder. Der Verständigung über den unparteiischen Vorsitzenden kommt deshalb große Bedeutung zu, da er im andauernden Konflikt ggf. die für eine Mehrheit erforderliche Stimme abgeben wird.

Die AMNOG - Schiedsstelle hat gesetzliche Vorbilder in dem Schiedsamt für die vertragsärztliche Versorgung (§89) und die Schiedsstelle für den Rahmenvertrag über die Arzneimittelversorgung (§ 129 Abs. 7 bis 10), auf deren Regelungen im § 130b in Teilen Bezug genommen wird. Mit der Einrichtung dieser Schiedsstellen hat der Gesetzgeber Entscheidungsinstanzen geschaffen, die als Konfliktlösungsorgane unter Einbeziehung von Vertretern der Vertragsparteien widerstreitende Interessen ausgleichen sollen. Die Schiedsstelle hat sich gemäß § 130b Abs. 6 eine Geschäftsordnung gegeben, die am 25. Januar 2012 vom BMG genehmigt worden ist. Weitere Vorgaben für die Arbeit der Schiedsstelle finden sich in der Schiedsstellenverordnung des BMG i.d.F. vom 22.10.2010.

2)

Weil das Schiedsstellenverfahren mit einem gerichtlich nachprüfbaren Verwaltungsakt abschließt, wird es dem Verwaltungsverfahren entsprechend §§ 8 bis 52 SGB X zugeordnet. Spezielle Regelungen des § 130 b und der Schiedsamts-VO haben jedoch gemäß § 37 SGB I vor den allgemeinen Verwaltungsvorschriften des SGB X Vorrang. Hier ist z.B. das Kündigungsrecht beider Vertragspartner frühestens ein Jahr nach dem Schiedsspruch entsprechend § 130b Abs. 7 zu erwähnen, das ansonsten dem Verwaltungsverfahren fremd ist.

Probleme kann der Untersuchungsgrundsatz nach § 20 SGB X bereiten, da die Schiedsstelle innerhalb von drei Monaten nach Anrufung entscheiden muss. Die Schiedsstelle muß den Sachverhalt ermitteln, hat alle für den Einzelfall bedeutsamen Umstände zu berücksichtigen und ist an das Vorbringen der Beteiligten nicht gebunden. Dazu kann auch die Vernehmung von Sachverständigen und Zeugen gehören. Dieses Recht bzw. diese Pflicht ergibt sich neben § 21 SGB X auch aus § 24 Geschäftsordnung der gemeinsamen Schiedsstelle, wenn für die Entschädigung der Zeugen und Sachverständigen auf die entsprechende Geltung des Justizvergütungs- und Entschädigungsgesetzes bezug genommen wird. Bei den in der Regel komplexen Sachverhalten ist es kaum vorstellbar, zu strittigen aber entscheidungserheblichen Fragen Sachverständige mit einem Gutachten zu beauftragen, für das nach Einleitung des Verfahren vielleicht vier bis fünf Wochen Arbeitszeit verbleibt. Aus der knappen Zeitschiene allerdings schließen zu wollen, dass der Gesetzgeber eine Begutachtung etwa auch pharmakologischer oder medizinischer Sachverhalte nicht gewollt habe, ist nicht zu unterstellen. Die unparteiischen Mitglieder der Schiedsstelle sind - wie auch Richter - in der Regel keine Sachverständigen, soweit es sich um wissenschaftliche Sachverhalte handelt. Gerade deswegen kann bei bestimmten entscheidungserheblichen Fragen auf sachverständige Begutachtung nicht grundsätzlich verzichtet werden. Allerdings scheint hier der Grundsatz Gründlichkeit vor Schnelligkeit umgekehrt zu sein.

Die Entscheidungsbefugnis der Schiedsstelle geht nur soweit, wie die Gestaltungsfreiheit der Vertragspartner. Das Schiedsamt hat dementsprechend alle für die Vertragspartner geltenden Vorgaben zu beachten. Die Regelungsbefugnis reicht somit nicht über die der Vertragsparteien hinaus, bleibt aber auch nicht dahinter zurück (BSG v. 14.12.2000). Wenn es folglich im § 130b Abs. 1 heißt, „der GKV - Spitzenverband vereinbart mit pharmazeutischen Unternehmern ... auf der Grundlage des Beschlusses des GBA über die Nutzenbewertung nach § 35a Abs. 3 mit Wirkung für alle Krankenkassen einen Erstattungsbetrag für Arzneimittel", dann ist die Schiedsstelle voll umfänglich an diesen Beschluss gebunden. Da der GBA bei seinem Beschluss gesetzliche Vorgaben zu beachten hat, sind auch diese einer anderen Einschätzung der Schiedsstelle entzogen. Dies trifft insbesondere auf die Bewertung des Zusatznutzens gegenüber der zweckmäßigen Vergleichstherapie, des Ausmaßes des Zusatznutzens und seiner therapeutischen Bedeutung zu. Sollte der Dissens der Vertragspartner auf der vom GBA beschlossenen zweckmäßigen Vergleichstherapie beruhen, so kann diese weder von den Vertragspartnern wegverhandelt, noch von der Schiedsstelle ersetzt werden. Ein nicht unwahrscheinlicher Fall. Der Vertragspartner, der die Auswahl der zweckmäßigen Vergleichstherapie für fehlerhaft hält - in diesem Fall wohl eher der pharmazeutische Unternehmer - muss nach einer gescheiterten Verhandlung auch noch die voraussehbare Entscheidung des Schiedsamtes abwarten, um dann im Wege einer Klage vor der Sozialgerichtsbarkeit ggf. eine Korrektur zu erreichen. Alternativ bleibt dem Unternehmer nur der Rückzug aus dem deutschen Markt, wie schon geschehen.

Pharmazeutische Verbänden haben deshalb vom Gesetzgeber gefordert, eine Anfechtungsklage gegen den Beschluss des GBA zuzulassen. Das würde allerdings das Verfahren für mehrere Jahre unterbrechen und damit eine frühe Nutzenbewertung konterkarieren. Überlegenswert scheint dagegen, die Anrufung der Schiedsstelle schon bei diesem Verfahrensstand zuzulassen. Bei einer Entscheidungsfrist von ebenfalls drei Monaten würde das Verfahren nur unerheblich verlängert. Es könnte sogar ein Zeitausgleich in der Weise eingerichtet werden, dass in diesen Fällen der anschließende Zeitraum für die Verhandlung der Vertragspartner auf drei Monate verkürzt wird. Nun sind die Entscheider in der Schiedsstelle sicher nicht klüger als die Entscheider im GBA. Im Gegensatz zum GBA sind allerdings beide Vertragspartner in die Entscheidung der Schiedsstelle eingebunden, was gerade die vom Gesetzgeber beabsichtigte auf Interessenausgleich ausgerichtete Stellung der Schiedsstelle im System der gesetzlichen Krankenversicherung (GKV) ausmacht.

Exkurs: Die verfassungsrechtliche Stellung des GBA im System der gesetzlichen Krankenversicherung

Die Kompetenzen des GBA sind in den letzten Jahren vom Gesetzgeber erheblich ausgeweitet worden, wozu auch die frühe Nutzenbewertung zählt. Schon zuvor sind in der juristischen Literatur verfassungsrechtliche Zweifel im Blick auf die demokratische Legitimation des GBA geäußert worden. Die weitreichenden Auswirkungen der vom GBA erlassenen Richtlinien auf den Umfang des Leistungsanspruchs der GKV - Versicherten und neuerdings auch auf privat Versicherte bei den Erstattungsbeträgen für Arzneimittel rechtfertigen einen erneuten Blick auf den Sachstand.

Der GBA ist vom Gesetzgeber als eine eigenständige Einrichtung der gemeinsamen Selbstverwaltung konzipiert worden und gehört damit zur mittelbaren Staatsverwaltung. Das Bundessozialgericht (BSG) hat bisher den Richtlinienerlass des GBA als autonome Rechtsetzung funktionaler Selbstverwaltung eingeordnet und nicht als eine der Rechtsverordnung vergleichbare Normsetzung, die verfassungsrechtlich nur als Subdelegation nach Art. 80 Abs. 1 Satz 4 GG unter Zwischenschaltung des BMG möglich wäre. Es bejaht im Ergebnis die grundsätzliche Vereinbarkeit der spezifischen Normsetzungsbefugnis mit dem Demokratieprinzip. Das Bundesverfassungsgericht hat bisher die Richtlinienkompetenz des GBA unbeanstandet gelassen, obwohl es mehrfach Gelegenheit hatte, die Verfassungskonformität zu prüfen. Allerdings weist das Bundesverfassungsgericht in einem Kammerbeschluss vom 12.12.2012 darauf hin, dass es sich noch nicht abschließend zu den verfassungsrechtlichen Anforderungen an die Normsetzungsbefugnis des GBA geäußert habe.

Bei näherer Betrachtung einer jüngeren Entscheidung des BSG vom 19.12.2012 bleiben jedoch Zweifel, ob die Einbeziehung der privaten Krankenversicherungen bei der frühen Nutzenbewertung und den daraus folgenden Preisregulierungen in den Kompetenzrahmen des GBA als einer Selbstverwaltungseinrichtung der Kassenärztlichen Bundesvereinigungen, der Deutschen Krankenhausgesellschaft und dem GKV - Spitzenverband noch dem bisher verfassungsrechtlich gesichertem Rahmen entspricht. Das BSG führte aus: „Dem Gesetzgeber ist es durch das Demokratiegebot nicht verwehrt, für abgegrenzte Bereiche der Erledigung öffentlicher Aufgaben durch Gesetz besondere Organisationsformen zu schaffen und dadurch vom Erfordernis lückenloser personeller demokratischer Legitimation aller Entscheidungsbefugten abzuweichen; es müssen nur Aufgaben und Handlungsbefugnisse der Organe in einem parlamentarischem Gesetz vorherbestimmt sein....Nötig sind lediglich institutionelle Vorkehrungen dafür, dass die betroffenen Interessen angemessen berücksichtigt werden".

Im Gegensatz etwa zur Festbetragsbildung, die einen Erstattungshöchstpreis für Arzneimittel ausschließlich für GKV - Versicherte zum Gegenstand hat, ist der Rabatt auf den Abgabepreis des pharmazeutischen Unternehmers nach Einführung der Versicherungspflicht faktisch eine Preisregulierung für alle Wohnbürger Deutschlands. Ob deshalb noch von „abgegrenzten Bereichen" gesprochen werden kann, ist diskussionswürdig. Und ob die „betroffenen Interessen" der PKV - Versicherten oder der Arzneimittelhersteller „angemessen berücksichtigt werden", kann ebenfalls diskutiert werden. Die vorgesehen Anhörungen der Betroffenen haben jedenfalls nicht das gleiche Gewicht wie die unmittelbare Beteiligung durch Vertreter der GKV und der Ärzteschaft in den Organen des GBA. Der Gesetzgeber wollte bei der Neuregelung von Erstattungsbeträgen für Arzneimittel zweifelsfrei die Privatversicherten und damit auch die Beihilfeempfänger des öffentlichen Dienstes und ihre Kostenträger am Vorteil einer Preisregulierung teilhaben lassen. Dass er damit möglicherweise eine bewährte und sinnvolle Institution der gemeinsamen Selbstverwaltung der GKV gefährdet, ist wohl kaum beabsichtigt. Denn wer möchte schon aus dem GBA eine weitere Bundesoberbehörde machen.

3)

Die Entscheidungen der Schiedsstelle sind als vertragsgestaltender Verwaltungsakt vor dem Landessozialgericht Berlin - Brandenburg im Wege der Anfechtungsklage angreifbar. Bei der gerichtlichen Beurteilung ihrer Entscheidungen ist ihre Einschätzungsprärogative zu beachten. Das BSG hat für eine Schiedsstelle nach § 94 BSHG ausgeführt: „Der Gesetzgeber hat die Schiedsstelle als weisungsfreies, mit den Vertretern der Interessen der betroffenen Gruppen besetztes Konfliktlösungs- und Schlichtungsgremium ausgestaltet und damit zum Ausdruck gebracht, dass er diese Gremium als mit der zu regelnden Materie vertrautes und zu einer vermittelnden Zusammenführung potentiell gegenläufiger Interessen berufenes Entscheidungsorgan für geeignet hält, eine sach- und interessengerechte Lösung zu finden. Der Schiedsstelle steht deshalb für ihre Bewertungen und Beurteilungen im Rahmen der unbestimmten Rechtsbegriffe eine Einschätzungsprärogative zu, die es gebietet, die gerichtliche Überprüfung darauf zu beschränken, ob die Schiedsstelle die ihr gesetzten rechtlichen Vorgaben beachtet, den Sachverhalt vollständig ermittelt hat und in einem fairen und willkürfreien Verfahren zu vertretbaren Bewertungen gelangt ist." Die gleichen Grundsätze gelten auch für die Schiedsstelle nach § 130b

Abs. 5. Die gerichtliche Kontrolle ist mithin darauf beschränkt, ob die Schiedsstelle die materiellen Vorgaben des § 130b beachtet hat.

Klagen gegen Entscheidungen der Schiedsstelle haben keine aufschiebende Wirkung (§ 130a Abs. 4 Satz 5). Allerdings kann das Gericht der Hauptsache, in diesen Fällen das LSG Berlin - Brandenburg, die aufschiebende Wirkung ganz oder teilweise anordnen (86b Abs. 1 Nr. 2 SGG). Diese Regelung dient ebenso wie der Verzicht auf ein Vorverfahren der zügigen Umsetzung der Entscheidungen der Schiedsstelle. Da Sozialgerichtsverfahren über zwei Instanzen schon vier oder mehr Jahre in Anspruch nehmen, wäre ansonsten der Anreiz zu groß, Rechtsmittel nur deshalb einzulegen, um die Rechtswirkung der Entscheidung zu verzögern.

Im Rahmen der gerichtlichen Kontrolle des Schiedsspruchs ist auch die vorbereitende Entscheidung des GBA über die Nutzenbewertung nach § 35a Abs. 3 überprüfbar, was sich auch aus der Begründung zu § 130b Abs. 4 im Entwurf des AMNOG ergibt. Für diesen Teil der gerichtlichen Überprüfung gibt es keine Einschätzungsprärogative, da die Schiedsstelle, wie dargelegt, an die Beschlusslage des GBA gebunden ist und der für die Schiedsstelle angenommene interne Interessenausgleich auf das Entscheidungsorgan des GBA nicht zutrifft. Es ist deshalb nicht unwahrscheinlich, dass sich die Sozialgerichte vorwiegend mit diesen Vorentscheidungen des GBA zu befassen haben. Soweit das Institut für Wirtschaftlichkeit und Qualität im Gesundheitswesen in die Nutzenbewertung einbezogen wurde, handelt es sich um eine gutachterliche Stellungnahme, die als unselbständige Verfahrensentscheidung ebenfalls erst nach der Schiedsstellenentscheidung anfechtbar ist.

4)

Neben einer Klage bestehen für die Vertragsparteien weitere Möglichkeiten, den Sachverhalt neu bewerten zu lassen. So kann jede Vertragspartei nach einem Schiedsspruch beim GBA eine Kosten - Nutzen - Bewertung nach § 35 b beantragen (§ 130b Abs. 8). Das Ergebnis dient als Grundlage für erneute Vertragsverhandlungen. Wird auch dann ein Vereinbarungsergebnis nicht erzielt, kann erneut die Schiedsstelle angerufen werden. Zwar ermöglicht die Kosten - Nutzen - Bewertung eine möglicherweise verbesserte empirische Grundlage für die

Vereinbarung eines Erstattungsbetrages, wegen der langen Zeitdauer eines solchen Verfahrens wird davon aber wohl selten Gebrauch gemacht werden. Einfacher und schneller zu handhaben ist demgegenüber die Möglichkeit einer Kündigung der Schiedsstellenentscheidung nach frühestens einem Jahr (§ 130b Abs.7). Zwar gilt zunächst die Erstentscheidung weiter, Vertragsverhandlungen können aber insbesondere dann zu einem verbesserten Ergebnis kommen, wenn zwischenzeitlich neue Studien vorliegen oder sich die Marktlage durch neue vergleichbare

Produkte verändert hat. Auch eine nennenswerte Änderung der Abgabepreise in anderen europäischen Ländern kann ein aussichtsreicher Grund für eine Kündigung sein, insbesondere dann, wenn die europäischen Abgabepreise bei der Entscheidung über den Erstattungsbetrag einen maßgeblichen Anteil ausgemacht haben. Es bleibt abzuwarten, welchen Einfluss die deutsche Preisfindung nach früher Nutzenbewertung auf andere europäische Länder hat. Immerhin war Deutschland bisher bei neu auf den Markt gekommenen Arzneimitteln eines der wichtigsten Referenzländer. Weiterhin können Schiedssprüche von Krankenkassen oder ihren Verbänden durch Selektivverträge nach § 130c Abs. 1 abgelöst oder ergänzt werden. Da der Hersteller an einer solchen Ablösung wohl nur dann ein Interesse hat, wenn sich seine Ertragslage verbessert, wird diese Variante nur in seltenen Fallkonstellationen zum Tragen kommen.

5)

Für die Ermittlung des Erstattungsbetrages bei Zusatznutzen gelten für die Schiedsstelle dem Grunde nach die gleichen Kriterien wie für die Vertragsparteien, auch wenn im § 130b Abs. 4 Satz 2 nur auf die Höhe des tatsächlichen Abgabepreises in anderen europäischen Ländern Bezug genommen wird. Daraus kann nicht geschlossen werden, dass der Grundgedanke einer am Zusatznutzen orientierten Preisfestsetzung in der Schiedsstellenentscheidung von minderem Gewicht sei. Es sind vielmehr die Kriterien zur Vereinbarung des Erstattungspreises des § 6 der Rahmenvereinbarung nach § 130b Abs. 9 zugrunde zu legen, der zunächst für die Vertragsparteien gilt. Dies sind:

- Zusatznutzen des Arzneimittels im Verhältnis zur zweckmäßigen Vergleichstherapie,

- Jahrestherapiekosten vergleichbarer Arzneimittel und
- tatsächliche Abgabepreise in den in der Rahmenvereinbarung bestimmten 15 europäischen Ländern, gewichtet nach den jeweiligen Umsätzen und Kaufkraftparitäten.

Im Unterschied zu den Vertragsparteien ist die Schiedsstelle allerdings verpflichtet, ihre Entscheidung zu begründen und zwar so umfangreich, dass die Einhaltung des Beurteilungspielraums von den Vertragsparteien nachvollzogen und von den Gerichten kontrolliert werden kann. Nun geben weder der § 130b noch die Arzneimittel - Nutzenbewertungsverordnung (AM-NutzenV) oder die Rahmenvereinbarung einen Algorithmus vor, nach dem der Erstattungsbetrag berechnet werden müsste. Gleichwohl muss die Schiedsstelle eine Spruchpraxis entwickeln, die zumindest die Gleichbehandlung der pharmazeutischen Unternehmer im Schiedsverfahren gewährleistet.

Am schwierigsten gestaltet sich die Monetarisierung des Zusatznutzens im Verhältnis zur zweckmäßigen Vergleichstherapie. Zuerst wird die Klassifizierung des GBA in die Stufen „gering, beträchtlich, erheblich" in der Bewertung zu berücksichtigen sein, die die patientenrelevanten Effekte im Sinne der AM-NutzenV wiederspiegeln. Aber innerhalb der Stufen muss es Bewertungsspielraum geben. Welche Faktoren sind hier tragfähig? Kann es von Bedeutung sein, ob die Kosten der zweckmäßigen Vergleichstherapie aufgrund der langjährigen Anwendung so niedrig liegen, dass selbst ein vielfacher Zuschlag die Entwicklungskosten nicht abbilden? Welches ist das optimale Entgelt für die Behandlungskosten einer Krankheit? Kann es eine Relation zu den Zuweisungen aus dem Morbi - RSA geben? Hier stellen sich Fragen, denen in der gesundheitspolitischen Diskussion in Deutschland ansonsten gerne ausgewichen wird. Die Schiedsstelle wird sie nicht abschließend beantworten können.

Relativ einfach sind die Preise für vergleichbare Arzneimittel in die monetäre Bewertung einzubringen. Fragen stellen sich allenfalls bei der Bestimmung des Arzneimittels. Von Gewicht kann sein, ob es sich um ein Arzneimittel aus dem Bestandsmarkt vor einer Nutzenbewertung mit einem relativ hohen Preis oder um ein neueres Arzneimittel nach früher Nutzenbewertung mit abgesenktem Erstattungspreis handelt.

Dagegen sind die tatsächlichen Abgabepreise im europäischen Länderkorb nicht einfach den Länderpreislisten zu entnehmen. Nach § 3 der Rahmenvereinbarung hat der Unternehmer diese zwar unter Berücksichtigung gesetzlicher und vereinbarter Rabatte mitzuteilen, wozu er aber in der Regel nicht in der Lage ist. Die international agierenden Arzneimittelhersteller sind national mit je eigenen Rechtsträgern im Markt, die wiederum mit den Nachbarländern nur über die Muttergesellschaft verbunden sind. Da verhandelte Rabatte in der Regel Geheimhaltungsklauseln enthalten, sind bestenfalls den Muttergesellschaften die tatsächlichen Abgabepreise bekannt. In diesen Fällen sollen die deutschen Unternehmer diejenigen Informationen übermitteln, die die tatsächlichen Abgabepreise möglichst gut abschätzen lassen. Wenn auch das nicht geschieht, wird ggf. die Schiedsstelle eine gutachterliche Stellungnahme in Auftrag geben oder die Rabatte aufgrund allgemeiner Erkenntnisse über Rabattkonditionen selbst abschätzen müssen. Denkbar wäre auch, dass der pharmazeutische Unternehmer zwar nicht die tatsächlichen Abgabepreise in den einzelnen Ländern, wohl aber die aggregierten Werte aller Vergleichsländer mitteilt, in denen das Arzneimittel schon ausgeboten wird. Dieses Verfahren würde wohl nicht den Geheimhaltungsklauseln widersprechen. Es stellt sich allerdings die Frage nach der Vertrauenswürdigkeit der aggregierten Mitteilung. Unabhängig hiervon werden zum Zeitpunkt der deutschen Verhandlung nur ein Teil der Referenzländer die zu bewertenden Arzneimittel führen. Auch muss unterschieden werden, ob es eine Erstattungspflicht für die jeweiligen sozialen Sicherungssysteme gibt oder das Arzneimittel nur für Selbstzahler zur Verfügung steht. Hinzu kommt, dass in einer Zahl von Ländern schwerwiegende Krankheiten mangels einer ambulanten Facharztschiene nur in Krankenhausambulanzen behandelt werden und dort andere Regeln für die Arzneimittelpreisfindung gelten.

Sind die aufgezeigten Fragen geklärt, so verbleibt noch die Gewichtung der drei Kriterien für die Monetarisierung zu entscheiden. Da der gesetzliche Grundgedanke der Neuordnung eine am Zusatznutzen orientierte Preisgestaltung postuliert, wird man den entsprechen Anteil wohl nicht unter 50 % der Ableitung des Erstattungsbetrages ansetzen können. Verbleiben für vergleichbare Arzneimittel und Preise im Länderkorb zusammen noch 50 %, die von Fall zu Fall justiert werden müssen. Ist etwa der Kenntnisstand über die tatsächlichen Abgabepreise in den Referenzländern gering oder ungesichert, so wird dieses Kriterium auch nur einen geringen Anteil ausmachen können. Es liegt also in der Regel im Interesse der Hersteller, für Transparenz zu sorgen.

6)

Auf einige verfahrenspraktische Probleme sei noch hingewiesen. Kann die Schiedsstelle neue Erkenntnisse nach Beschlussdatum des GBA berücksichtigen, z.b. bei zunächst nicht quantifizierbarem Zusatznutzen? Wie ist in der Schiedsstelle zu verfahren, wenn zwischenzeitlich ein Verhandlungsergebnis zu einem neuen Arzneimittel für die gleiche Indikation vorliegt, das möglicherweise einen Wechsel der adäquaten Vergleichstherapie zur Folge hätte? Wie steht es mit der Vertraulichkeit der Verhandlung, wenn der Beschluss der Schiedsstelle begründet werden und zwangsläufig Teile des Vorbringens der Vertragsparteien in die Begründung einfließen müssen, die wiederum in der Geschäftsstelle eingesehen werden kann? Die Kosten der Schiedsstelle tragen der GKV - Spitzenverband und die Spitzenorganisationen der pharmazeutischen Unternehmen je zur Hälfte. Das ist für das laufende Geschäft leicht zu verkraften. Für Sozialgerichtsverfahren und ihre Folgen können jedoch beträchtliche Kosten entstehen. Einmal, da die Gegenstandswerte sich im obersten Bereich der Gebührentabelle finden werden, zum anderen, wenn aufgrund einer rechtskräftigen Entscheidung ein Schaden entsteht, der durch eine Rückabwicklung des Erstattungspreises nicht mehr ausgeglichen werden kann.

Nach geltender Lage müsste dann wohl die obsiegende Seite die Hälfte des Schadens über ihre Verbände mitbezahlen. Eine klare gesetzliche Grundlage wäre hilfreich.

Empfehlung: Verpassen Sie nicht die vorletzte Ausfahrt.

* Paragraphen ohne nähere Bezeichnung sind solche des SGB V

Verzeichnis der Autoren

Detlef Böhler
BARMER GEK
Lichtscheider Straße 89-95

42285 Wuppertal

Alfred Dänzer
Präsident der Deutschen Krankenhausgesellschaft
Universitätsklinikum Mannheim
Theodor-Kutzer-Ufer 1-3

68167 Mannheim

Uwe Deh
Geschäftsführender Vorstand
AOK Bundesverband
Rosenthaler Straße 31

10178 Berlin

Professor Dr. Axel Ekkernkamp
Unfallkrankenhaus Berlin
Warener Straße 7

12683 Berlin

Josef Hecken
Vorsitzender des Gemeinsamen
Bundesausschusses
Wegelystraße 8

10623 Berlin

Dr. Klaus Knabner
Kaiserstuhlstraße 3

14129 Berlin

Professor Dr. Günter Neubauer
Institut für Gesundheitsökonomik
Nixenweg 2b

81739 München

Professor Dr. Herbert Rebscher
Vorsitzender des Vorstandes der DAK
Nagelsweg 27-31

20097 Hamburg

Gerhard Schulte
Am Gasteig 6

82547 Eurasburg

Dr. Hedwig Silies
Görresring 16

22609 Hamaburg

Professor Dr. Stefan G. Spitzer
DGIV e.V.
Kronenstraße 18

10117 Berlin

Professor Dr. Petra Thürmann
HELIOS Klinikum Wuppertal
Philipp Klee-Institut für
Klinische Pharmakologie
Heusnerstraße 40

42283 Wuppertal

Professor Dr. Volker Ulrich
Universität Bayreuth
Lehrstuhl für VWL III
Postfach

95440 Bayreuth

Professor Dr. Eberhard Wille
Josef-Braun-Ufer 23

68165 Mannheim

STAATLICHE ALLOKATIONSPOLITIK IM MARKTWIRTSCHAFTLICHEN SYSTEM

Band 1 Horst Siebert (Hrsg.): Umweltallokation im Raum. 1982.

Band 2 Horst Siebert (Hrsg.): Global Environmental Resources. The Ozone Problem. 1982.

Band 3 Hans-Joachim Schulz: Steuerwirkungen in einem dynamischen Unternehmensmodell. Ein Beitrag zur Dynamisierung der Steuerüberwälzungsanalyse. 1981.

Band 4 Eberhard Wille (Hrsg.): Beiträge zur gesamtwirtschaftlichen Allokation. Allokationsprobleme im intermediären Bereich zwischen öffentlichem und privatem Wirtschaftssektor. 1983.

Band 5 Heinz König (Hrsg.): Ausbildung und Arbeitsmarkt. 1983.

Band 6 Horst Siebert (Hrsg.): Reaktionen auf Energiepreissteigerungen. 1982.

Band 7 Eberhard Wille (Hrsg.): Konzeptionelle Probleme öffentlicher Planung. 1983.

Band 8 Ingeborg Kiesewetter-Wrana: Exporterlösinstabilität. Kritische Analyse eines entwicklungspolitischen Problems. 1982.

Band 9 Ferdinand Dudenhöfer: Mehrheitswahl-Entscheidungen über Umweltnutzungen. Eine Untersuchung von Gleichgewichtszuständen in einem mikroökonomischen Markt- und Abstimmungsmodell. 1983.

Band 10 Horst Siebert (Hrsg.): Intertemporale Allokation. 1984.

Band 11 Helmut Meder: Die intertemporale Allokation erschöpfbarer Naturressourcen bei fehlenden Zukunftsmärkten und institutionalisierten Marktsubstituten. 1984.

Band 12 Ulrich Ring: Öffentliche Planungsziele und staatliche Budgets. Zur Erfüllung öffentlicher Aufgaben durch nicht-staatliche Entscheidungseinheiten. 1985.

Band 13 Ehrentraud Graw: Informationseffizienz von Terminkontraktmärkten für Währungen. Eine empirische Untersuchung. 1984.

Band 14 Rüdiger Pethig (Ed.): Public Goods and Public Allocation Policy. 1985.

Band 15 Eberhard Wille (Hrsg.): Öffentliche Planung auf Landesebene. Eine Analyse von Planungskonzepten in Deutschland, Österreich und der Schweiz. 1986.

Band 16 Helga Gebauer: Regionale Umweltnutzungen in der Zeit. Eine intertemporale Zwei-Regionen-Analyse. 1985.

Band 17 Christine Pfitzer: Integrierte Entwicklungsplanung als Allokationsinstrument auf Landesebene. Eine Analyse der öffentlichen Planung der Länder Hessen, Bayern und Niedersachsen. 1985.

Band 18 Heinz König (Hrsg.): Kontrolltheoretische Ansätze in makroökonometrischen Modellen. 1985.

Band 19 Theo Kempf: Theorie und Empirie betrieblicher Ausbildungsplatzangebote. 1985.

Band 20 Eberhard Wille (Hrsg.): Konkrete Probleme öffentlicher Planung. Grundlegende Aspekte der Zielbildung, Effizienz und Kontrolle. 1986.

Band 21 Eberhard Wille (Hrsg.): Informations- und Planungsprobleme in öffentlichen Aufgabenbereichen. Aspekte der Zielbildung und Outputmessung unter besonderer Berücksichtigung des Gesundheitswesens. 1986.

Band 22 Bernd Gutting: Der Einfluß der Besteuerung auf die Entwicklung der Wohnungs- und Baulandmärkte. Eine intertemporale Analyse der bundesdeutschen Steuergesetze. 1986.

Band 23 Heiner Kuhl: Umweltressourcen als Gegenstand internationaler Verhandlungen. Eine theoretische Transaktionskostenanalyse. 1987.

Band 24 Hubert Hornbach: Besteuerung, Inflation und Kapitalallokation. Intersektorale und internationale Aspekte. 1987.

Band 25 Peter Müller: Intertemporale Wirkungen der Staatsverschuldung. 1987.

Band 26 Stefan Kronenberger: Die Investitionen im Rahmen der Staatsausgaben. 1988.

Band 27 Armin-Detlef Rieß: Optimale Auslandsverschuldung bei potentiellen Schuldendienstproblemen. 1988.

Band 28 Volker Ulrich: Preis- und Mengeneffekte im Gesundheitswesen. Eine Ausgabenanalyse von GKV-Behandlungsarten. 1988.

Band 29 Hans-Michael Geiger: Informational Efficiency in Speculative Markets. A Theoretical Investigation. Edited by Ehrentraud Graw. 1989.

Band 30 Karl Sputek: Zielgerichtete Ressourcenallokation. Ein Modellentwurf zur Effektivitätsanalyse praktischer Budgetplanung am Beispiel von Berlin (West). 1989.

ALLOKATION IM MARKTWIRTSCHAFTLICHEN SYSTEM

Band 31 Wolfgang Krader: Neuere Entwicklungen linearer latenter Kovarianzstrukturmodelle mit quantitativen und qualitativen Indikatorvariablen. Theorie und Anwendung auf ein mikroempirisches Modell des Preis-, Produktions- und Lageranpassungsverhaltens von deutschen und französischen Unternehmen des verarbeitenden Gewerbes. 1991.

Band 32 Manfred Erbsland: Die öffentlichen Personalausgaben. Eine empirische Analyse für die Bundesrepublik Deutschland. 1991.

Band 33 Walter Ried: Information und Nutzen der medizinischen Diagnostik. 1992.

Band 34 Anselm U. Römer: Was ist den Bürgern die Verminderung eines Risikos wert? Eine Anwendung des kontingenten Bewertungsansatzes auf das Giftmüllrisiko. 1993.

Band 35 Eberhard Wille, Angelika Mehnert, Jan Philipp Rohweder: Zum gesellschaftlichen Nutzen pharmazeutischer Innovationen. 1994.

Band 36 Peter Schmidt: Die Wahl des Rentenalters. Theoretische und empirische Analyse des Rentenzugangsverhaltens in West- und Ostdeutschland. 1995.

Band 37 Michael Ohmer: Die Grundlagen der Einkommensteuer. Gerechtigkeit und Effizienz. 1997.

Band 38 Evamaria Wagner: Risikomanagement rohstoffexportierender Entwicklungsländer. 1997.

Band 39 Matthias Meier: Das Sparverhalten der privaten Haushalte und der demographische Wandel: Makroökonomische Auswirkungen. Eine Simulation verschiedener Reformen der Rentenversicherung. 1997.

Band 40 Manfred Albring / Eberhard Wille (Hrsg.): Innovationen in der Arzneimitteltherapie. Definition, medizinische Umsetzung und Finanzierung. Bad Orber Gespräche über kontroverse Themen im Gesundheitswesen 25.–27.10.1996. 1997.

Band 41 Eberhard Wille / Manfred Albring (Hrsg.): Reformoptionen im Gesundheitswesen. Bad Orber Gespräche über kontroverse Themen im Gesundheitswesen 7.–8.11.1997. 1998.

Band 42 Manfred Albring / Eberhard Wille (Hrsg.): Szenarien im Gesundheitswesen. Bad Orber Gespräche über kontroverse Themen im Gesundheitswesen 5.–7.11.1998. 1999.

Band 43 Eberhard Wille / Manfred Albring (Hrsg.): Rationalisierungsreserven im deutschen Gesundheitswesen. 2000.

Band 44 Manfred Albring / Eberhard Wille (Hrsg.): Qualitätsorientierte Vergütungssysteme in der ambulanten und stationären Behandlung. 2001.

Band 45 Martin Pfaff / Dietmar Wassener / Astrid Sterzel / Thomas Neldner: Analyse potentieller Auswirkungen einer Ausweitung des Pharmaversandes in Deutschland. 2002.

Band 46 Eberhard Wille / Manfred Albring (Hrsg.): Konfliktfeld Arzneimittelversorgung. 2002.

Band 47 Udo Schneider: Theorie und Empirie der Arzt-Patient-Beziehung. Zur Anwendung der Principal-Agent-Theorie auf die Gesundheitsnachfrage. 2002.

Band 48 Manfred Albring / Eberhard Wille: Die GKV zwischen Ausgabendynamik, Einnahmenschwäche und Koordinierungsproblemen. 2003.

Band 49 Uwe Jirjahn: X-Ineffizienz, Managementanreize und Produktmarktwettbewerb. 2004.

Band 50 Stefan Resch: Risikoselektion im Mitgliederwettbewerb der Gesetzlichen Krankenversicherung. 2004.

Band 51 Paul Marschall: Lebensstilwandel in Ostdeutschland. Gesundheitsökonomische Implikationen. 2004.

Band 52 Eberhard Wille / Manfred Albring (Hrsg.): Paradigmenwechsel im Gesundheitswesen durch neue Versorgungsstrukturen? 8. Bad Orber Gespräche. 6.–8. November 2003. 2004.

Band 53 Eberhard Wille / Manfred Albring (Hrsg.): Versorgungsstrukturen und Finanzierungsoptionen auf dem Prüfstand. 9. Bad Orber Gespräche. 11.–13. November 2004. 2005.

Band 54 Brit S. Schneider: Gesundheit und Bildung. Theorie und Empirie der Humankapitalinvestitionen. 2007.

Band 55 Klaus Knabner / Eberhard Wille (Hrsg.): Qualität und Nutzen medizinischer Leistungen. 10. Bad Orber Gespräche, 10.–12. November 2005. 2007.

Band 56 Holger Cischinsky: Lebenserwartung, Morbidität und Gesundheitsausgaben. 2007.

Band 57 Eberhard Wille / Klaus Knabner (Hrsg.): Wettbewerb im Gesundheitswesen: Chancen und Grenzen. 11. Bad Orber Gespräche. 16.–18. November 2006. 2008.

Band 58 Christian Igel: Zur Finanzierung von Kranken- und Pflegeversicherung. Entwicklung, Probleme und Reformmodelle. 2008.

Band 59 Christiane Cischinsky: Auswirkungen der Europäischen Integration auf das deutsche Gesundheitswesen. 2008.

Band 60 Eberhard Wille / Klaus Knabner (Hrsg.): Die besonderen Versorgungsformen: Herausforderungen für Krankenkassen und Leistungserbringer. 12. Bad Orber Gespräche über kontroverse Themen im Gesundheitswesen. 15.–17. November 2007. 2009.

Band 61 Malte Wolff: Interdependenzen von Arzneimittelregulierungen. 2010.

Band 62 Eberhard Wille / Klaus Knabner (Hrsg.): Qualitätssicherung und Patientennutzen. 13. Bad Orber Gespräche über kontroverse Themen im Gesundheitswesen. 20.–21. November 2008. 2010.

Band 63 Eberhard Wille / Klaus Knabner (Hrsg.): Reformkonzepte im Gesundheitswesen nach der Wahl. 14. Bad Orber Gespräche über kontroverse Themen im Gesundheitswesen. 12.-13. November 2009. 2011.

Band 64 Eberhard Wille / Klaus Knabner (Hrsg.): Dezentralisierung und Flexibilisierung im Gesundheitswesen. 15. Bad Orber Gespräche über kontroverse Themen im Gesundheitswesen. 18.-19. November 2010. 2011.

Band 65 Eberhard Wille / Klaus Knabner (Hrsg.): Strategien für mehr Effizienz und Effektivität im Gesundheitswesen. 16. Bad Orber Gespräche über kontroverse Themen im Gesundheitswesen. 2013.

Band 66 Timo Wasmuth: Gesundheitsausgaben: Determinanten und Auswirkungen auf die Gesundheit. Theoretische Modellierung und empirische Analyse. 2013.

Band 67 Eberhard Wille (Hrsg.): Wettbewerb im Arzneimittel- und Krankenhausbereich. 17. Bad Orber Gespräche über kontroverse Themen im Gesundheitswesen. 2013.

www.peterlang.com